失敗

失敗のすすめ

「教える」だけでは人も企業も育たない

野島廣司

ダイヤモンド社

はじめに

「会社のおカネを使って失敗していいんだから、どんどん失敗しなさい」

私は社員に対して、いつもこう言っています。

社外の方たちにこの話をすると、多くの人が感心したり驚いたりします。なかには、「ほんとうにそうなんですか」というような表情を浮かべる人もいます。

「社員が失敗ばかりしていたら、事業を継続できないだろう」

と考えておられるのでしょう。

でも、私は、ほんとうに心の底から失敗をすすめています。私は失敗こそが、事業の継続、発展にとって不可欠であり、幾多の失敗を乗り越えてこそ、社員も組織も成長すると信じているからです。

なぜ、私がそこまでの信念をもつにいたったかについては、本文でくわしく述べますが、ひと言で言えば、私自身、失敗を重ねたことで多くを学び、なんとかここまでやってこられたからです。何度も何度も苦い思いをした結果、ようやくたどり着いたのが、「失敗のすすめ」なのです。

私はそうした経験から、失敗する可能性が高いと思われる計画や提案でも、あえて承認することにしています。仕事上の失敗は、誰もが経験できるものではないからです。失敗は、みずから困難な問題に挑んだ人、これまでにない斬新なアイデアを実現しようと努力した人だけが味わえるものなのです。新しいことを何も考えず、何の行動も起こさず、これまでと同じことをやればいいと思っている人には失敗はありません。しかし、同時に、進歩もありません。

同じ失敗を繰り返すのでなければ、何回、失敗してもかまいません。相当な額の経費がかかってもかまいません。そういうものを乗り越えて、将来、失敗を上まわる仕事をしてくれることを願って、私は失敗をすすめているのです。一生懸命やった結果の失敗は、「そこまでよくやった」と評価します。

私は、この「失敗のすすめ」を、ビジネスの実学ととらえています。一人ひとりが失敗の体験を通して、専門書やマニュアルでは知ることができない、ビジネスの現場で役に立つアイデアや企画を生み出す力を身につけることをすすめているからです。

私は、人の話を聞いたり、新聞や本を読んだりすると、アイデアが次々と浮かび、それをすぐに実現しようとします。でも、それらがすべて成功するとはかぎりません。

その結果、いままでも失敗をして、悔しい思いをすることがあります。眠れない夜を過ごすこともあります。おそらく、これからも失敗を繰り返すだろうと思います。

でも、私自身が「失敗のすすめ」を実践していれば、社員も安心して失敗できるでしょう。そのぶん、今後は成功する可能性がどんどん高まることが期待できます。

本田技研工業の創業者、本田宗一郎氏は次のような言葉を遺しています。

チャレンジして失敗を恐れるよりも、何もしないことを恐れろ。

まさに名言です。失敗を恐れず、失敗を受け入れる組織こそが成長できる、私はそう信じています。

野島廣司

平成二三年九月

目次

失敗のすすめ

第2章 「失敗」が人材を育てる

第3章 「失敗」して伸びる人・伸びない人

第4章 私も失敗の連続だった

第5章 野島流・経営哲学

エピローグ　新たなる「失敗」への道

プロローグ

「失敗のすすめ」の原点

「売上高一〇〇〇億円」を夢見て突っ走る

私は、一九七三（昭和四八）年、家業の野島電気商会（現・ノジマ）に入社しました。入社時から、私は町の電器屋さんのままでいるのがいやで、「いつか家電業界でトップになる」と心の中で誓い、「年商一〇〇〇億円企業」を達成するという夢を描いていました。

というのも、当時、家電業界の市場規模は約二兆円、業界トップ企業の売上高が五〇〇億円程度でしたから、その倍の一〇〇〇億円になればトップをとれる、と計算していました。私の監督下で社員に仕事をしてもらい、売上高一〇億円の店舗を一〇〇軒つくることができれば可能だ、などと考えたものです。

もし、うまくいかない店舗が出ても、私が指導して軌道修正すればなんとかなる、と本気で考えていたのです。実際、私は、オーディオ売場の思いきった改装や全国初のＡＶＣ（オーディオ・ビジュアル・コンピュータ）を主体としたカテゴリーショップの出店などを成功させ、年商五〇〇〇万円だった家業を、一九八九（平成元）年には売上高一〇〇億円に成長させていました。

その後、折からのバブル景気に乗って、ノジマは本拠地の神奈川だけでなく、東京、埼玉でも多店舗展開を繰り広げて業績を伸ばし、中堅家電量販店に成長するにいたりました。そして、すでに、店頭公開に向けた準備期間に入っており、それまでの家族経営の組織構造を払拭《ふっしょく》する必要にも迫られて、事業の複合化に乗り出すことになったのです。

企業にこうした勢いがつくと、それまでとは違った取引先や金融機関の方々と会う機会が増えます。そういう席で、私は多くの方からこう言われました。

「社長というのは殿様といっしょで、頂点から周辺の状況を見通し、しっかりと社内を見渡していればいい。どのように人を使うかが社長の要諦です」

四〇代前半だった私は、単純に「そうか」と思ってしまいました。これまで成功した自分の体験をさらに大きく広げていけば、会社は間違いなく成長するはずだと考えたのです。

早速、私は、事業の中心だったAVC以外の部門を別組織にし、それぞれを子会社化するとともに、いままで扱っていなかった白物家電の販売会社、ゲーム機・ソフトの専門店、CDソフト専門店など、全部で九社の子会社を設立しました。

こうして、ノジマ本体と合わせて一〇社の事業グループを形成し、本体以外の九社はそれぞれ、社内の生え抜きと社外から招いた人に経営を託すことにしました。私にすれば、入社時から描いていた「年商一〇〇〇億円企業」という夢の達成が、これで射程圏内に入ったつもりでした。

なぜ、部下は動かなかったのか？

ところが、九社の売上高がなかなか伸びてきません。その原因は明らかでした。ノジマを一〇〇億円企業に成長させたノウハウを、子会社を任せた責任者がなかなか取り入れようとしなかったのです。つまり、各自がこれまでのノジマとは異なる経営を行ったのですから、数字が伸びるはずがありませんでした。

私は、何度も子会社の責任者を指導しました。

「だから言ったじゃないか。ノジマでやってきたようにやれば伸びるんだから、そのとおりやってくれればいいいんだ」

しかし、それでも彼らはやろうとしませんでした。これが、社外から招いた経営者だけがそうだというのなら、わからないでもありません。ビジネスの環境が違うのですから、なじめない面があっただろうことは理解できます。

私がショックだったのは、それこそ、町の小さな電器屋さんのころから苦楽をともにし、いっしょにノジマをつくりあげてきた生え抜きの管理職までもが、責任者になったとたん、身に染みついているはずのノジマの成功哲学を実践しなくなったことです。

私が部下たちに教えてきたのは、ただ一つ、

「おカネや地位のために仕事をするな。お客さまに喜ばれることをせよ」

ということです。

私は十数年間、それだけをずっと考え、試行錯誤を繰り返し、そうやってつくりあげたノウハウを徹底的に教え込んできたつもりでした。彼らがそれを体得したと思ったからこそ、経営を任せたのです。うまくいかなかった場合には、悪い点を指摘して修正していけばいいと考えていました。

ところが、部下たちは私の手から離れたとたん、お客さまが喜ぶ仕事よりも、数字、すなわちおカネと地位のことを優先するようになったように見えました。

このとき、私と彼らはオーナーと経営者という関係です。オーナーである私は、経営に口出しすることはできても、実際に彼らが動いてくれないことにはどうしようもありません。現に、口が酸《す》っぱくなるほど言っても、そのとおりにやってはくれませんでした。

結局、売上げが思うように伸びないどころか、損失が膨らみ、九社のうち、八社は解散

せざるをえなくなりました。残ったのは、ノジマ本体を含めて二社のみ。最終的な損失額は二〇億円くらいになったでしょうか。二〇〇〜三〇〇億円規模の企業にとっては痛い失敗でした。

しかし、それ以上に、精魂込めて育ててきたと思っていた部下たちに、私の教えが何ひとつ届いていなかったことに私は愕然《がくぜん》としていました。

「教える」のではなく、自分で「気づく」しかない

最初のうちは、「いままで教えてきたことをどう思っているのか」と憤《いきどお》っていましたが、よくよく考えてみると、その原因は彼らだけにあるのではなく、むしろ私のせいではないかと思うようになりました。

私はたしかに、仕事のやり方は教えてきました。しかしそれは、バイヤーとしての仕事であったり、店長としての仕事であったりで、経営者としての仕事のやり方は教えてこなかったのです。

そこで彼らは、外部から招いた経営者のやり方を真似たのではないか——。

外部から招いた経営者は、それぞれに優秀な人間で実績もありました。ただ、ノジマと

は違う文化で育った人たちです。

ノジマでは、数字やおカネや地位のためではなく、お客さまの立場で仕事をし、つねにお客さまが喜ぶことだけを志向してきました。その結果、急成長を遂げることができたのです。

それに対して、外部から来た経営者は、いわゆる「数字をつくる」ことを得意としている人たちです。彼らは〝雇われ経営者〟であり、毎年きちっと経営数値をあげることが仕事であって、それが彼らなりの誠意の表し方だと言えます。

こうした考え方は、お客さまを蔑《ないがし》ろにすることに直結するわけではありません。ただ、結果的に売上げや利益優先となり、お客さまに喜んでもらうための仕事は、そのプロセスにすぎなくなってしまいます。

私は、彼らに対し、

「それは違う。ノジマに来た以上、考え方を改めてくれ」

と伝えましたが、長年染みついたやり方はなかなか変わるものではありません。

まして、そのやり方で物がない時代やバブルの時代に成功してきた人たちですから、なおさら、自分の成功法則を捨てることができなかったのです。どちらが正しいとか間違っているということではなく、考え方が合わなければ、去っていただくだけです。

ので、仕事の座標軸にはならなかったのでしょう。

ソニーの大賀典雄さんから学んだこと

ソニーの大賀典雄会長（当時）にお会いしたのは、まさに子会社が思うようにいかずに悩んでいるころでした。

ソニーがサンフランシスコで主催した会合の席で、食事のとき、ふと見ると、大賀さんがテーブルに一人でポツンと座っていました。当時、すでにカリスマ的な経営者として知られていた大賀さんですから、社員や販売店の人たちは畏《おそ》れ多くて近づけなかったのかもしれません。

私は子どものころから物怖《ものお》じしないタイプで、相手が誰だろうと、あまり気にせず話をすることができます。これは大賀さんとじっくり話ができるチャンスだと思い、隣の席に座らせていただきました。

それまで大賀さんとは面識はあったものの、二人きりで話をしたことなど一度もありません。周囲の方々が遠慮してくれたおかげで、一時間ほど、大賀さんから直接、「失敗のすすめ」の哲学につながる大きなヒントをいただくことができました。

「ソニーのように子会社をたくさんつくり、外部から優秀な経営者も招きましたが、どうもうまくいきません」

私は素直に悩みを打ち明けました。すると、大賀さんは、

「野島さん、それは違うよ」

と言って、いろいろアドバイスを与えてくれました。

ソニーは、たしかにたくさんの子会社をつくりました。しかし、責任者に抜擢した人材は、三〇代半ばから四〇代前半くらいまでの若手・中堅社員だったというのです。経営者として実績のある人を招いて子会社を任せていた私のやり方とはまったく違いました。

そのお話をうかがって、私は驚くと同時に、どうしても理解できない部分がありました。というのは、経験の足りない若手では事業をスムーズに進めることができないのではないか、と疑問を感じたのです。

大賀さんの答えは明快でした。

「経験に固執《こしゅう》するベテランより、目の前に現れた課題に対して、そのつど柔軟に対処していける若手こそ、成功する率は高いのです」

なるほど、そうかもしれません。でも、経験の浅い若手は「怖いもの知らず」という側面もあります。成功もするが失敗も多い。その点、安定感のある経験者が勝るのではない

だろうか――そんな思いが、私の頭をよぎりました。

それを察したのでしょう、大賀さんは次のように言いました。

「たとえ失敗しても、愛社精神のある人なら、会社に残って取り返そうと思うものです。だから、失敗して損を出しても、あとになって何倍にもなって返ってきます。反対に、経験のある人は手堅いかもしれないが、愛社精神がないと、何かの原因で事業が思わしくなくなったときに、環境だとか人材だとかのせいにして去っていってしまいます」

たしかに、ノジマでも、設立した子会社のうち数社は、自分から売り込んできた人に経営を任せました。それぞれ立派な実績があり、優秀な人物であるのは間違いありませんでしたが、なぜか売上げが伸びないのです。

彼らに理由を聞くと、やれ環境が悪い、オペレーションが悪いと言っていました。

大賀さんの次の言葉は、私の腹にすっと落ちました。

「いくら優秀でも、いつもうまくいくとはかぎりません。ほんとうに、環境や時代がたまたま悪かっただけかもしれません。でも、いずれ去っていく人たちに任せて失敗するのだったら、同じ失敗するのでも、社内で我慢して努力して働いてきた人に失敗させれば、それがいい経験になるし、会社にとっても財産になると思いますよ」

なるほど、そのとおりだ、と納得した私は、帰国するとすぐに、子会社の整理にとりかかりました。同時に、人材育成の考え方を大きく変えることにしました。

それまでは、社員を育てるために、海外研修を実施したり、店長会議などで外部の講師に話をしてもらったりしていましたが、そういうやり方だけで人が育つのか、疑問に思うようになったのです。

そして、こう決意しました。

「人は教えるだけでは決して成長しない。心から納得するまで気づかせなければ身にならない。そのためには、本人が実際にやってみて、失敗を重ね、痛い思いをしないとだめだ。その痛みが心の中に大切なことを記憶させるんだ」

このときから、社員が自分で理解し、了解し、納得して、自分のやりたいことに挑戦できるような組織をつくることが私の役割だと思うようになりました。「お客さまの立場で考えて、お客さまに喜んでもらう」という私の経営哲学に、新たに大きな柱が加わったのです。

これが、私の「失敗のすすめ」の原点です。

じつは、これには後日談があります。子会社の失敗で大いに反省した話をしたばかりで、こんなことを書くのは矛盾すると思われるかもしれませんが、二〇〇五（平成一七）年ごろに私は同じ失敗をしてしまいます。

前回の件はまだ失敗の過程だと考えていたこともあり、もう一度チャレンジすべく、M&A(企業の合併・買収)で一〇社くらいの会社を関連会社にしました。

言い訳がましくなりますが、当時、

「最近、社長は失敗しなくなった」

という声が社内から聞こえてくるようになり、それなら、前回失敗した子会社の運営に、もう一度取り組んでみようという気になったのです。もちろん、同じ轍《てつ》は踏まないつもりでした。ところが……。

候補にあがった会社の幹部による熱心な事業展開を、私は額面どおりに受け取ってしまったのです。その結果、また失敗です。一〇億円以上の損失を出しました。

「この失敗で、人の目利《めき》きの勉強になった」

と自分に言い聞かせましたが、この失敗を取り返すために、私はいまもアイデアを出しつづけているところです。

第 1 章

「失敗」こそ会社の財産

なぜ、失敗を隠そうとするのか

失敗という危機を回避しようとするのは、人間の本能かもしれません。苦しい立場に自分を追い込むことを避けようとする心理は、誰にでもあると思います。

と同時に、人は失敗すると、思わず隠そうという気持ちにもなりやすいものです。失敗は恥ずかしいことと考えて、できることなら他人に知られたくない、フタをしてしまおうとする心理が働くからです。

あなたは、自分が手がけている仕事で失敗したと気がついたとき、どんなことを思い浮かべるでしょうか。すこし想像してみてください。

「なぜ、こんなことになったのだろう」
「あのとき、こうすればよかった」

「どうすれば、挽回できるだろうか」

こういうことを思い浮かべる人は、反省し、後悔しているので、時間がたてば、立ち直ってよい方向に歩み出せると思います。これに対して、

「上司に叱られないようにするにはどうすればいいのか」

「同僚など、周りの人から白い眼で見られるのはいやだ」

「どんな責任をとらされるか心配だ」

「なんとか失敗が表面化しないようにできないか」

「自分だけが失敗しているわけではない。正当化することはできないか」


このような類《たぐい》のことを思い浮かべる人は、痛みを感じてはいるものの、それをうまく消してくれる〝痛み止め〟を探しています。痛みをすぐに忘れようとするので、また同じような失敗を繰り返すことになるかもしれません。

失敗と正直に向き合うことができないと、さらに失敗の傷は広がります。失敗を糊塗《こと》することが、新たなトラブルを引き起こすという悪循環に陥ってしまうのです。

次に、立場を替えて、身近な人が失敗したときのことを考えてみましょう。まさか、こんなことを思い浮かべる人はいないでしょうね。

「つまらないことをしてしまって……」
「自分とは関係ないから、できるだけかかわらないようにしよう」
「尻拭いをさせられたのではたまったものではない」

これらは同じ組織にいながら、同僚の失敗を他人事のように考える姿勢です。自己保身の一種とも言えます。こんなふうに考える人は、自分が失敗したときには誰にも助けてもらえないかもしれません。

それでは失敗した人間に、こんな声をかける同僚がいたら、どう思いますか。

「誰にでもあることだよ。気にするな。できるだけ早く忘れることだ。気持ちを切り替えて、また次の仕事にとりかかればいいんだ」

一見、人情味があって、やさしそうな助言に思えるかもしれません。でも、私から見ると、困りものです。失敗の原因を考えることもなく早く忘れてしまったのでは、何のための失敗だったのかわからなくなるからです。

傷ついた心を癒すために多少の時間をおくことはやむをえませんが、だからといって白紙にされたのでは、失敗の効用まで真っ白に消えることになります。

失敗したときの気持ちを忘れない

私は、若い人たちとお酒を飲みながら、いろいろな話をするのが大好きです。明るい話題で社内のモチベーションを上げることにもなりますし、若手社員の話を聞くことで、時代の変化や流行に関する情報がインプットされ、私の頭の中で新たなアイデアが生まれることもあります。

とくに、店舗にいる若手社員は、お客さまといちばん近いところにいます。彼らからさまざまな情報を仕入れ、私の知っていることと組み合わせたり、変化させてみたりします。彼らは、私が社長であることなどまったく気にせず話をしてくれるので、とても楽しい時間を過ごすことができます。

そのいっぽうで、ちょっと元気がないかな、と思える社員を誘うこともあります。失敗の傷がまだ癒しきれていないと見えるときです。私から直接、声をかけることで、失敗を次へのステップにすればよいこと、気にする必要などないことをわかってもらいます。

しかし、社内から抜擢《ばってき》した責任者の場合は、そうはいきません。彼らはノジマ哲学の中で育ってきたはずなのに、お客さまのためではなく、利益を優先する仕事をするようになってしまったのはどうしてなのでしょうか。

私が教えてきたことは無駄だったのか——。

自問自答する中でたどり着いたのは、ほんとうに大切なことは、教えるのではなく、自分で気づくしかないということでした。

私自身、仕事のやり方を教わったことはありません。私が入社したときには、創業者だった父はすでに一線を退いていましたし、オイルショック以前の好景気のときには十数人いた社員もわずか二人しか残っていなかったからです。

もちろん、メーカーや異業種の先輩など、いろいろな方からアドバイスをいただき、参考にさせていただいたことはたくさんあります。しかし、基本的には、自分で仕事を覚え、どうすればお客さまに商品を買ってもらえるか、事業が伸びていくのか、現場で格闘し、数々の失敗と小さな成功を繰り返しながら、いつのまにかその本質のようなものを体得してきました。

ですから、私には、「お客さまの立場で考えて、お客さまに喜んでもらう」という絶対にぶれない哲学が身についています。でも、彼らにとっては、知識として教えられただけな

そして、その社員が十分に元気を取り戻したころに、

「元気になったね。今度の仕事はうまくいくと思うよ。この前のような失敗はもうしなくてすみそうだね」

と意図的に言います。

こう書くと、意地悪な社長のように思われるかもしれませんが、元気を取り戻したからといって、何もなかったように思われては困るので、あえて、こういう言葉を口にしているのです。

私は、社員に失敗したときの気持ちを忘れないでほしいと願っています。あのときの体験を生かそうという気持ちを、つねに心のどこかにもちつづけてもらいたいと思っています。これは「失敗のすすめ」には欠かせない要素だからです。

それが、ほんのすこし「チクリ」という言葉になるのです。

失敗はつねにオープンにする

先に、失敗した人間に対して、「早く忘れることだ」と慰めの言葉をかけるのは困ると述べましたが、もっと困るのは、同情するあまり、上司や同僚たちがその失敗をなかったこ

とにしてしまうことです。もし、わが社にこのような行為をする社員がいたら、マネジメントを破壊する不届き者と言えます。

こうした事態を防ぐために、わが社では失敗をオープンにすることにしています。方法はいろいろあります。いちばん単純な方法は、私が彼らの失敗をどんどん口にしてしまうことです。

というのも、失敗したにもかかわらず、知らん顔をしている社員もいるからです。このタイプは、放っておくと、失敗を隠すことが上手になります。私がそれを見逃していたら、オープンな会社にはなりません。

いっぽう、幹部や失敗した本人からきちんとした報告があったときには、たんなる叱責《しっせき》にならないように、すこし明るく、

「あの企画は失敗したようだね。予測が外れたんだ。本人も勉強になったと思うよ」

などと、社内で話します。

こうすると、社員は社長から言われるよりは、自分で失敗を認める報告や反省の弁を述べたほうがいいと思うようになります。

一時的に失敗を隠すことができたとしても、時間が経過すると、数字や他部署からの問い合わせなどで、うまくいかなかった結果がわかることがあります。そういうケースのと

きは、報告が遅かったことや、なんとかなると思って対応策をとらなかった怠慢《たいまん》ぶりまでオープンにします。

そして、こう言います。

「ウチの会社は、失敗しても大丈夫なんだ。だけど、ずいぶん、〝失敗の貯金〟が増えたね。そろそろ減らしてくれよ」

会社のおカネを使って失敗してもいいと言っているのに、見栄や妙なプライドで失敗を隠そうとするのは向上心がないからだ、と私は考えています。

失敗を隠すより、明らかにして反省の言葉を素直に語ったほうが、重苦しい気分から解放されます。

自分の弱みを隠すために辻褄《つじつま》を合わせるより、ほんとうのことを話したほうが、人は気分的に楽になります。その先につらいことが待ち受けていても、それを覚悟して反省する道を選んでこそ、また新たな意欲が湧いてくるのです。

だから私は、社員の失敗をどんどん口にします。これは決して責任を問いつめるためや、嫌味を言うためではありません。失敗をオープンにすることで、本人は反省を求められるし、社内には学習効果が生まれます。社員のためにも会社のためにもプラスになると考えたうえで、実行している方法です。

よい失敗例を社内に蓄積する

ノジマでは、日報はグループ、部署ごとにフォルダーがあり、社員は自分が所属する部門の日報を読むことができます。また、職位の階層によって、ほかのグループの日報を読むこともできるようになっています。

私は、社内全体の日報を読むことも可能ですが、とてもそんな時間はありません。グループ長全員に加えて、新たに進められているプロジェクトの状況を把握《はあく》するために、あらかじめ選んでおいた何人かの社員の日報に目を通すことができるようにしておきます。この中には、承認された新たな提案を進めている社員も入ります。

こうして私が見ている日報は、毎日一〇〇件ほどになるでしょうか。この一〇〇件の日報を書いている一〇〇名のうちの大半の社員は、それぞれが部下である三〇～五〇名の日報を読んでいます。さらにその三〇～五〇名も、自分の部下の日報を読むことになっています。ピラミッド型とも言える日報のシステムができあがっているのです。

社員自身が計画に没頭すると、途中で目算が狂っても、計画を変更したり調整したりする余裕がなくなることがあります。夢中になるのはよいことですが、その結果、視野が狭くなってしまうのです。そういうときこそ、私や上司の出番です。日報を見ながら適切なアドバイスをして、軌道を修正しています。

私が見る一〇〇件には、現在、進行中の事業や売上げなどが報告されています。新しいアイデアを書いてきた社員や、気になる内容を送ってきた幹部がいれば、コメントをつけて返します。その数は一日にだいたい二〇〜三〇人くらいです。

新たな計画を進めている社員からの途中経過報告には、順調にいっている内容もあれば、思惑が外れて軌道修正を図っているという反省のコメントもあります。

順調な報告に対しては、「それは成果があがるかもしれないよ。さらに、勇気をもってチャレンジしてみたらどうだ」などと励ましの言葉を書きます。

いっぽう、失敗しそうで思い悩んでいる報告に対しては、「ここの数字の見方が間違っていると思うよ。もう一度確認しておくといい」というようなアドバイスを送ります。

失敗した社員が問題をきちんと整理し、反省の報告をしてきた場合は、「そのとおり、立派だ。次はその失敗を生かしてやっていこう」と伝えます。こういうタイプは成長します。

反対に、かつての威勢はどこに行ったのかと思うほど反省の足りない社員に対しては、「自分のやったことの中身を見極めろ」と、きびしいことを書きます。

失敗をたくみにすり替えようとしたり、経済環境や他人のせいにしたりする社員は見過ごせません。そういう社員は、いつまでも同じことを繰り返し、絶対に成長しないからです。一時的であろうと、心に痛みを感じてもらう必要があると考えて、わざとすこし感情的な返事を送ることもあります。

日報は多くの人の目にとまります。私からきびしい言葉を投げつけられた社員は、もちろん悔しいし、かなり傷つくことがあるかもしれません。同時に、私がこのような返事を書くことで、失敗が社内でオープンになるムードができあがります。もちろん、よい失敗の例を社内に広めることにもなります。

私は、この日報のシステムを活用して、日々、「失敗のすすめ」というメッセージを発信しつづけています。幹部から部下へ、そしてそのまた部下へ……というように、私の考えを浸透させるべく努めているのです。

「失敗のすすめ」を勘違いするな

私は、「失敗」をすべて良しと考えているわけではありません。私にとって、よい失敗か悪い失敗かの基準は、失敗を次の仕事の糧《かて》としたかどうかにあります。

将来を見据えた計画なら、たとえうまく運ばなかったとしてもよい失敗です。いっぽう、たんなる不注意や怠慢による失敗は大失敗です。失敗の隠蔽《いんぺい》や責任逃れなどは、まったく意味のない最悪の失敗と言えます。

もちろん前提として、成功とか失敗に関係なく、すべての仕事は、お客さまに喜んでいただくことが目的でなければなりません。お客さまに喜んでもらいたいと考えて失敗するのは許されます。その視点をもちつづけ、何が失敗の原因かを真剣に考えていけば、いつかは成功して、さらに大きな事業計画を考えることができるようになるからです。

ただ、最初はお客さまに喜んでいただくための提案だったのに、いざ実行に移す段になって、「儲けて社長にほめられよう」というような雑念が浮かんで売上高に目を奪われ、いちばん大事な前提が揺らいだりおろそかになったりして失敗するケースもあります。

おカネを得ることだけを目的とした企画や提案の失敗は、悪い失敗の典型です。一度の失敗に飽きたらず、さらに失敗を続ける可能性が高いのです。

いちばん悪い例をあげましょう。私の提案する「失敗のすすめ」をまったく勘違いして、失敗することを勲章のように考えていたX君の話です。

あるときX君は、八〇〇万円ほどかけてコンピュータをそろえた部屋をつくり、そこで現場のMDを研究したいと提案してきました。MDとは流通業界で使われる言葉で、マーチャンダイジングのことです。お客さまの求める商品を、適切な数量と価格で、いちばん必要な時期にどう提供するかを決める商品政策活動を意味します。

彼の説明を聞いていると、たしかに効率的なMDができるように思えました。ところが、計画どおりにパソコンをそろえてスタートしたものの、肝心の報告がなかなか上がってきません。

周囲の人間に話を聞くと、提案者であるX君はほとんど部屋に姿を見せず、たまに顔を出してもすぐにどこかに行ってしまうというのです。コンピュータを備えた部屋は、文字どおり〝宝の持ち腐れ〟になっていました。

私はすぐにX君を呼んで事情を聞きました。ところが、彼の口から出るのは、

「一生懸命やったけれども、うまくいかなかった」

という言い訳ばかりです。「失敗のすすめ」の本質をまったく理解していません。

「ろくにコンピュータも使わず、一生懸命やったわけがないだろう。そういうのは失敗とは言わない。人を裏切ったと言うんだ」

さすがに私も怒りました。とはいえ、失敗の意味も正しく知らない社員の提案を了承したのは私自身です。

こんなときは、「人を見る眼がなかった」とわが身を反省することにしています。そして、これで人を見る眼、すなわち目利きのレパートリーが増えて勉強になったと、前向きに考

えています。

もちろん、経営者としては、どちらにしても会社にとってプラスになると見なす覚悟をもたなければ、失敗を許容する考え方を貫くことはできません。

どうせ失敗するなら大きな挑戦をしてから

一度失敗したと思ったビジネスでも、さらなるチャレンジによって成功に変わるケースもあります。

二〇一〇（平成二二）年のことです。二〇代の女性社員Zさんが、電動スクーターの新たな販売企画を提案してきました。ノジマの目玉商品になると期待して売り出した電動スクーターが、いつまでたっても売れなかったためです。

Zさんの提案内容は、一台を試乗用にしてお客さまに乗り心地を体感してもらい、商品の良さを理解していただこうというものでした。

もちろん、すぐにゴーサインを出しましたが、じつのところ私は、テスト販売というものをあまり評価していませんでした。これまでの経験からいって、テスト販売が成功した例は非常に少なかったからです。今回も、成功する確率は低いと見ていました。

しかし、せっかくの提案をあっさりと否定してしまっては、社員の成長は望めません。とにかくやらせてみて、たとえうまくいかなくても、そこからZさんが何かをつかんでくれればいいと思いました。

そしてもう一つ、なんとかその電動スクーターを売りたいという強い思いが、私自身にもありました。名古屋にある自動車用品のメーカーが二〇〇九（平成二一）年に開発・製造したスクーターだったのですが、思うように売れず、当社に販売取り扱いの話がまわってきたのです。

社長にお会いして話をうかがったり、当社で独自に調べたりしているうちに、環境にもよい電動スクーターがなかなか取り扱われない理由がおぼろげながらわかってきました。商品そのものの評価よりも、会社の規模や実績がネックになっていたようなのです。これが大手オートバイメーカーの商品ならば、取り扱い店が次々と現れていたに違いありません。

私は、新しいエレクトロニクス文化の創造をめざすノジマにとって、電動スクーターはまさにうってつけの商品だと判断しました。性能もいいのですから、扱わない理由はありません。

また、一、二年前に中国・上海で目にした光景も、販売を決めるきっかけとなりました。上海の街なかを走るオートバイがやたら静かだなと思っていたところ、日本ではまだめずらしい電動オートバイだったのです。通りを注意深く眺めていると、なんとほとんどが電動オートバイでした。

私は非常に驚きました。中国ではすでに電動にスイッチしているというのに、日本ではまだやっと出始めたばかり。本来なら、日本が最先端を走っていなければならないはずの分野です。

この背景には、日本の名だたる大手オートバイメーカーが、なかなか新しい物づくりにチャレンジしたがらないという事情があったようです。どこかが大々的に電動スクーターを売り出せば、流れは一気に変わるかもしれません。そうなると、新たな設備投資が必要になったり、業界の構造が大きく変わったりすることになります。そのため、各メーカーとも現状を維持しようとしているのではないか。業界にくわしいある人が、そう解説してくれました。

そうした中で、小さな会社がよいものをつくり、その普及に悪戦苦闘しているのです。私は心を動かされました。なんとか、私たちで風穴をあけよう――。

早速、担当部署を検討し、販売を開始しました。ほかの電気製品と違って、どのように売ればいいのか、社員も悩んだようです。結局、部署は二、三回、変わりました。

これまでガソリンのオートバイを使っていた信用金庫には導入を決めてもらうことがで

きましたが、そこから先がうまくいきません。お店に飾っていてもぜんぜん売れず、しかたなく、自家使用にして使っていました。

それから数カ月たち、この電動スクーターは、十分保証できるレベルの品質だということを実感しました。商品自体にはまったく問題はなかったのです。それでも売れないということは、お客さまに電動スクーターの良さどころか、存在そのものが知られていないということです。

そこで提案された企画が試乗でした。自由に触って乗ってみて、お客さまに商品のよさを体感してもらおうというわけです。

ところが、それでもうまくいきませんでした。

「やはり、試乗は成功しなかったか……」

そう思いつつ、私もなかなかあきらめることができずにいました。

そんなときに社員から出てきたのが、「一台だったからうまくいかなかったのではないか。今度は五〇台で試乗をやってみてはどうだろうか」という声でした。当時、仕入れていた電動スクーター五〇台を全部、試乗用にしようというのです。当然、費用は当初の五〇倍かかります。

でも、五〇台もあれば、かなりのお客さまがちょっと試してみようかという気になってくれるかもしれません。

どうせ失敗するなら、大きく失敗して、社員に危機感や緊張感をもってもらおう。そして、その失敗をさらに乗り越えるように、みんなが努力をすればいい――私は、これはよいモデルケースになると思いました。

おかげさまで、五〇台の試乗プランは見事に成功し、売上げも飛躍的に伸びました。その後、数社が電動スクーターの取り扱いを申し込んでくるようにもなりました。

あのとき、一台の失敗で「この商品はだめだ」というレッテルを貼っていたら、私たちがどんなにその商品を評価していても、お客さまに届けることはできなかったでしょう。

つまずきの原因をいろいろ考え、新しいアイデアで再チャレンジしたという点で、電動スクーターの販売は、失敗を成功に変えた例というだけでなく、どうせチャレンジするなら、大きな失敗を覚悟で臨んだほうがいいということを教えてくれる例ともなりました。

「本部の言うことを聞かない」ことで成功した若手社員

二〇一〇年春のこと、わが社ではパソコンなどのＩＴ関連機器を取り扱う情報部門の実績がひどく落ち込んだ時期がありました。どこに原因があるのか調べようということになり、現場のリーダーを呼んでランチミーティングを開きました。

そこに集まったのは、成績上位者です。全体の実績が悪い中で、実績をあげているリーダーたちを呼んで、その秘訣や忌憚《きたん》のない意見を聞きたかったのです。

ミーティングが始まってほどなくして、私はあることに気づきました。なぜか、神奈川北エリアの若手メンバーの数が多いのです。しかも、彼らは会場の片隅に目立たないように集まっています。早速、彼らに、「どうして神奈川北だけ成績がいいの？」と聞いたのですが、なかなか答えてくれません。

私があきらめずに何度も聞いていると、そのうちの一人が恐る恐るといった感じで、

「すみません。僕たちは本部の言うことを聞いていません」

と言いました。

驚いてくわしく話を聞いたところ、神奈川北では、本部から指示された施策に疑問を感じたので、そのエリアのメンバーに呼びかけて、みんなでオリジナルの施策をつくったというのです。ノジマでは、テレビ会議のシステムが自由に使えるようになっているので、エリア内で商品の販促、教育などの担当を決めて会議を開き、独自の施策に沿って店舗を運営したところ、実績があがったのだと言います。

本部のＭＤ担当はその事実を知っていましたが、私は初耳でした。彼らは、本部の幹部

たちに煙たがられているだろうと思って、会場の一カ所に集まっていたようです。

彼らは「申しわけありません」とあやまりましたが、悪いのは私たちです。本来なら、本部が売れるための施策を考えなければならないのに、現場のリーダーたちが自主的にオリジナルの施策を作成して実績をあげたのですから、これはすごいことです。

彼らこそ失敗を恐れない人たちです。私は、「失敗のすすめ」が社内に浸透していることを実感しました（二〇一一年度より一人が本部に異動してMD担当になり、二人が店長に昇格しました）。

早速、私は、神奈川北の施策を採用するよう、本部のMD担当に指示しました。もちろん、本部の役員や管理職にもきちんと言いました。

「神奈川北の成績がいいのは、君たちの言うことを聞かなかったためらしい。負けているじゃないか。君たちのMDでは店舗もうまくつくれないし、お客さまにも認められない。だったら、うまくやっている彼らに話を聞いて、そのやり方を学ばなければならない。そういうふうに変われなければ〝恐竜〟になってしまうよ」

本部の担当者たちはきっと恥ずかしい思いをしたはずです。しかし、役職や年齢が自分たちより下でも、成功した例には学ばなければなりません。その後、新たな部門で、この体験を生かしてきちんと変わってくれたので安心しました。

失敗を公言して会社に貢献してくれた社員

プロローグで述べたように、私はみずからの大失敗を機に「失敗のすすめ」を大きな柱として取り入れることにしたのですが、社内ですぐに理解され、浸透していったわけではありません。

私自身、若いころは人材の育成について、基本的に仕事は教え込むものであり、失敗は未然に防ぐものだと思っていました。それが、どんどん失敗を体験して、何が悪かったかを反省することで向上するというマネジメントにがらりと舵を切ったのですから、すぐに理解しろというほうが無理でしょう。

そんなとき、率先して、社内に「失敗のすすめ」の文化を浸透させてくれた人たちがいました。私は、彼らを「エバンジェリスト」と呼んでいます。

エバンジェリストとは、もともとはキリスト教の「伝道者」のことですが、最近では、企業が社の内外に広めたいＩＴ技術をわかりやすく説明する役割を担った人のことをこう呼んだりもするようです。

もう一〇年ほど前の話になります。通信部門にいたTさんが、「コンテンツ事業をやりたい」という提案をしてきました。当時、地域に根差した放送局としてコミュニティFMが話題を呼んでいましたが、その番組を携帯に配信する仕組みをつくりたいという企画でした。

これが実現すると、東京にいながら、故郷で流れているFM放送を聴くことができるようになります。そうなると、地域のFM放送の存在が大きくなり、新しい番組づくりによって、これまでにないコンテンツが生まれる可能性があります。無名のアーティストを発掘することも考えられます。ノジマは新しい文化を生み出す担い手となり、著作権ビジネスにおいても一歩先を行くことになります。

Tさんは、「どうしてもこの事業をやりたい」と言うので、私は、「よし、やってみろ！」とゴーサインを出しました。店舗で働いている人材も何人か投入したため、店舗側からの反対もありましたが、それを押し切って進めたプランです。

早速、Tさんは、日本じゅうを飛びまわって各地のコミュニティFMに出向いては、この構想を説いてまわり、行く先々でコミュニティFMの関係者と夢を語りあっていました。

ところが、半年たち、一年がたっても、構想ばかりでいっこうにビジネスがスタートしません。売上げはゼロなのに、経費ばかりが毎月出ていきます。

一年半ほどたったころ、さすがにしびれを切らした私は、Tさんを呼んで問いただしました。

「経費ばかり使っているが、この事業は、いったいいつになったらスタートするんだね?」

するとTさんは、「あと三カ月だけ待ってください」と言います。

それから三カ月がたったころ、「お話があります」と言って、Tさんが私のところを訪ねてきました。そして、

「申しわけありません。今回のコンテンツ事業ですが、私の能力ではどうにもなりません」

と、涙を流しながらあやまるのです。私はその態度を見て、

「あきらめるな、カネのことはいいから、もうすこしやってみろ」

と発破をかけましたが、

「私の人を見る目のなさ、そして技術力の不足から、どうしても無理です」

の一点張り。しかたがありません。結局、撤退することに決めました。

このときTさんに言ったのは、「不義理だけは絶対にするな」です。構想の段階とはいえ、多くの人に協力を求めて話を進めてきました。期待した人たちも数多くいたはずです。とにかく、この事業計画を説明した人たちのところを全部まわって、撤退する旨を伝えなければなりません。

それにはどのくらいの日数が必要かと聞くと、彼は、

「三カ月でできます」

と答えました。

「それで撤退できるのなら、よかった。いい勉強になったな」

それが私の結論でした。この構想のためのシステムを組むのに数千万円、チームメンバー一〇人の人件費や出張費などでやはり数千万円、合わせて一億円ほどの経費がかかっていました。

その後、Tさんはこの失敗を機に、ひと皮むけたようにバリバリ仕事をしてくれました。なんとか自分の失敗を取り戻そうと考えたのでしょう。その結果、通信事業では社長を任せてもいいと思うくらいに成長してくれたのですが、残念なことに、ほどなくして早世しました。

もともと心臓に持病があったにもかかわらず、お酒が好きで、ゴルフも大好き。出張に出かけて、お客さまとゴルフをして、お酒を飲んで、ホテルにもどった翌朝、亡くなっていました。なんと四二歳の若さでした。

あまりにも早く、そして突然の死に、私は言葉にできない哀しみに襲われました。しかし、さらに驚いたのはこのあとです。Tさんが亡くなって、大きなものを会社に遺してくれていたことを知ったのです。

コミュニティFMの事業に会社が出費した額は、多く見積もっても一億円ほどです。それを、部下には、

「私は三億円の損を出した。でも、いまでもこうして大威張りで会社にいる。だから君たちも安心して挑戦しなさい。私はそのうちに、あのときのおカネを取り返すんだ」

と言っていたそうです。

普通、上司というものは、自分の手柄は自慢しても、失敗についてはあまり大っぴらにしたくないものです。それを、失敗をあえて大げさにふくらませてまで、「失敗のすすめ」を部下にちゃんと浸透させてくれたのです。

こういう社員をもったことを、私は誇りに思っています。

幹部だからこそしなければならない失敗がある

企業が大きくなったからといって、失敗を恐れ、これまでのやり方でなんとかなるなどと「守り」の姿勢に入ったのでは、将来の成長は望めなくなります。

組織においても、幹部は安定志向と闘わなければなりません。上司にチャレンジする姿勢がないのに、部下がリスクの多い仕事に取り組むはずがありません。幹部だからこそ、失

敗したり恥をかいたりすることを覚悟して、先頭に立って、斬新なアイデアを打ち出すべきです。

私は、幹部には大きな決断をさせるようにしています。そのためか、幹部、さらには役員も、ときには大きな失敗をします。たとえ役員であっても、私は社員と同じように接します。失敗の可能性を感じたとしても、「君は役員なんだから、もうすこし慎重にやってくれよ」などとは言いません。

「それだけ自信があるなら、いいよ」

と決裁書類に判を捺《お》します。

つい最近の話です。本部の部長職にあるQさんが、一〇〇億円を使いたいと申し出てきました。

「四〇〇〇坪の倉庫を借りたい」

と言うのです。

倉庫は、商品が売れようが売れまいが、維持するだけで固定費用がかかります。賃料、オペレーションのための人件費などを計算すると、毎月、約五〇〇〇万円の経費が想定されます。

もちろん、Qさんは、そうした費用を十分に検討したうえで、採算がとれるという計画を立てて決裁を求めてきたのです。その数字にまったく根拠がないというわけではありませんが、わが社の倉庫としては大きすぎるというのが、私の正直な意見でした。

でも、私はQさんに、「これはたぶん失敗するだろう」と伝えながらも、この案件を認めました。なぜなら、この失敗は、たとえ大幹部になっていたとしても、Qさんにとって必要な経験だったからです。また、かりに失敗しても、経営に支障がない程度の損失ですむことが予測できたからです。

もちろん、私の予想を覆し、失敗して当然の案件を成功させてくれたら、それはそれで言うことはありません。でも、ここで失敗しなかったとしても、Qさんは必ずどこかで失敗します。それならば、私の頭の中で、このくらいですみそうだとあらかじめ計算できる失敗をしてくれたほうがいいと思いました。

この倉庫計画の結果はどうだったかと言えば、失敗でした。他社の方が見ると、完全に失敗に終わったと言われるかもしれません。実際には四〇〇〇坪もの広さは必要ありませんでした。当然、そこで働く人数ももっと少なくてよかったのです。

といっても、一度、契約をしたのですから、倉庫を運営するための固定費用は毎月出ていきます。そもそも在庫は少ないほうがいいのに、そんな大きな倉庫の計画を立てること自体が間違っている、という批判も聞こえてきました。

私は、自分が了承したから、というわけではなく、トータルとして見れば、まったくの失敗だったとは考えていません。毎月の出費は頭が痛いところですが、それはしかたのないことだと思うようにしています。それには次のような理由があるからです。

お客さまの立場に立った失敗は許される

この倉庫計画を、投資額だけではなく、目的という視点から考えてみましょう。

四〇〇〇坪もの広さの倉庫は必要ないということがわかったとき、できるかぎり早く解約を検討することもできました。それをあえてしなかったことで、この倉庫の賃貸人に、ノジマは自分たちの都合ですぐに契約を解除するような会社ではないという印象をもっていただけたと思います。

店舗の撤退と同じです。契約書に解除に関する条項があるとはいえ、だからといって、急にその条項に沿って通知をしたのでは、賃貸人にも迷惑がかかります。そういう意味で、目には見えない信用を得たと言うことができます。

同時に、私はこの計画の根本的な発想を評価しています。大きな倉庫をつくるのは在庫を増やすことになるので、多くの企業が消極的になります。小売業にかぎらず、いかに在庫を減らすかが、企業の大きな課題となっているからです。

しかし、在庫に関して、私はまったく反対の考えをもっています。在庫は多くてもいいと思っているのです。なぜなら、在庫が少ないとお客さまに迷惑がかかるからです。いつも在庫をもっていると、お客さまが購入したいときに、いつでも商品を提供することができます。逆に、在庫が少なければ、企業にとっては費用がかからないのでおトクかもしれませんが、お客さまが買いたいときに商品がない、お届けするまでに日数がかかる、という可能性が高くなります。

「なんだ、せっかくノジマに来たのに、買いたい商品がないんじゃしかたがない」

ということになって、お客さまが別の店舗に行かなければならなくなったり、何日間も商品が届くのを待ったりしなければならなくなります。

お客さまは、その日に、その商品がほしいから、わざわざノジマに足を運んでくれたのです。それなのに、お目当ての商品がなければ、ほかのお店に行くこともありえます。そして、その店舗で商品が手に入れば、「次からはノジマに行くのはやめよう」と思うかもしれません。

メーカーの方々にお聞きすると、

「SCM（Supply Chain Management）、つまりいくつかの企業間で物流システムをつくって総合的に管理しているので、品切れは避けられる」

と言います。

しかし、万が一にも、そのシステム管理とお客さまの行動の読みが違うことはないと言い切れるでしょうか。その場合、迷惑するのは、私たち売る側ではなく、お客さまです。

そう考えると、ある程度の費用は覚悟のうえで、きちんと在庫を確保しておかなければならない、と私は考えます。ですから、見込みの数字が外れても、このケースは許されるのです。

もし、Qさんが倉庫を新しく借りる理由として、何月何日までこれくらいの儲けが出るという計算だけをあげてきた場合は、私は却下したでしょう。売れなかったら、たんに損をするだけというような提案であれば、私は受け入れません。

あまり好きではありませんが、メーカーの担当者から頼まれた、というような理由のほうがまだマシだと考えます。少なくとも、そのほうが恩を感じてもらえますから、今後、お客さまに喜んでいただける計画を実行する場合に役立つことがあるかもしれません。

大事なことは、倉庫の決裁を求めてきたQさんが、失敗したあとに今回の計画を振りかえって、何を考え、今後それをどう生かしていくかという点です。

さらに、周りの社員が、お客さまのことを考えて、同じ会社の仲間が立てた計画が思うようにいかなかったことを、みんなでこれから挽回していこうといろいろ知恵を絞り、新たな計画を練っていく――このような動きがたえず組織に生まれると、企業は伸びていきます。

たとえ在庫が残っても、損をするのは私たちだけです。お客さまに喜んでもらえる可能性と、私たちが損をする可能性のどちらを選択するのかと言われれば、私は迷うことなく、ノジマが損をすることを選びます。

なぜなら、私たちの会社は、お客さまに喜んでいただくことを使命とする会社だからです。

「責任をとる」のほんとうの意味を知る

最近でもっとも印象深い失敗は、庶務用品や事務用品の受注配送のアウトソーシングをめぐる事業計画案です。これを提案したのは、当時の総務部長兼執行役員のVさんでした。発端は、それらをアウトソーシングするサービス会社の売り込みでした。V執行役員としてはよかれと思ったのでしょう、その話に乗って契約に踏み切りました。

事前の説明では、事務諸経費の無駄が省けて、大幅な人件費の節減になるという話でした。しかし、一年たってみると、逆に経費が増えていました。「これはおかしい」と感じたVさんは、その契約会社と協議して、最初の仕組みを改善しました。ところが、翌年になっても事態は変わりませんでした。それどころか、さらに経費が増えていたのです。

このあたりで気づけばよかったのですが、Vさんも自分が提案した手前、損失を出したままやめるわけにはいかないと考えたのでしょう。なんとか仕組みを改善して取り返そうとして、逆にキズを広げてしまいました。

どうも、これがその会社のやり口だったようです。結局、経費がかかるばかりで、いっこうに効率化は実現されず、最終的に五億円以上の出費増となり、契約を解除しました。

基本的に、当社ではアウトソーシングはほとんどしないことにしています。アウトソーシング先の利害関係をコントロールできなくなるからです、たとえ費用がかかっても、失敗しても、自前でやることを原則としています。

その原則を知りつつ、Vさんは大幅な経費削減のために例外的な提案をしてきました。その結果が大失敗です。Vさんはだまされていたことに気づくと悄然《しょうぜん》として、

「すみません。責任をとって辞職します」

と申し出てきたので、私は怒りました。

「会社に損失を与えたままやめるなんて、無責任じゃないか。責任をとるというなら、取

り返すために会社にとどまるように」

もちろん、Vさんはいまも会社に残っています。損失を取り返して、会社に恩返しをするために、いまはとてもよい働きをしてくれています。

会社のためを思って失敗した社員を、みすみすやめさせてしまっては何にもなりません。その失敗から学んだことを次の仕事に生かすことが、ほんとうに責任をとることになるのだ、ということに気づいてもらわなければならないのです。

成功もどんどんオープンにしよう

ところで、ノジマでは、失敗をオープンにするいっぽう、成功した社員の存在は、それ以上にオープンにしています。一年に二回開催される方針説明会の席上で表彰します。

賞には、金賞、銀賞、銅賞、そしてフレッシュ社長賞があります。フレッシュ社長賞は、既卒、新卒ともに入社一年目の社員が対象です。転職してきた社員は、前にいた会社との比較ができます。また、新卒の社員は、つい最近まで消費者だったはずですから、ノジマのお客さまでもあります。そういう視点から、新しいアイデアをどんどん出してほしいと思って創設した賞です。

上司が推薦するケースもありますが、会社の方針が「失敗のすすめ」であることを理解して、自薦で応募してくる新入社員もいます。心の中では、誰も推薦してくれないという思いがすこしあるのかもしれません。

といっても、「賞をください」というような言い方ではなく、「私はこんないいことを考えました」「こんないいことを実行しつつあります」というような表現で報告してきます。誤解のないように書き添えますが、成功もあえてオープンにするのは、「そうか、こういうやり方もあったのか」と、ほかの社員の参考になるからです。決して自慢話で終わるわけではありません。

失敗も成功も、実例として社内で共有しています。成功したということは、失敗を恐れずに挑戦した結果です。ぜひ、そこに着目してほしいと思っています。成功例をともに喜ぶような社内風土をつくるうえでも、大いに役立つと思います。

表彰の中身を具体的に説明しますと、金賞、銀賞、銅賞は、数多《あまた》ある推薦の中からノミネートされた一〇件くらいを発表し、その中から選ばれます。もちろん、この中には自薦も入っています。自薦の数は、年間で一〇〇件くらいになるでしょうか。成功もオープンになっていることが、この数からもおわかりいただけると思います。

受賞の基準は、成功したかどうかだけではありません。具体的な業績として結果が出ていなくても、アイデアがとてもいいという理由で受賞することもあります。これも十分、会社に貢献したことになるからです。ここから新しい芽が出てくる可能性に期待しています。

こういう表彰の基準があると、社員は、会社をよくしようというアイデアを出しやすくなります。必ずしも成功するとはかぎらなくても、自由に考えを発表することができるからです。

これも、「失敗のすすめ」という方針の中から出てきた考えです。

Point

◉失敗と正直に向き合うことができないと、さらに失敗の傷は広がる。

◉失敗したときの気持ちを、つねに心のどこかにもちつづけなければならない。

◉よい失敗か悪い失敗かの基準は、失敗を次の仕事の糧《かて》としたかどうかにある。

◉どうせ失敗するなら、大きく失敗して、危機感や緊張感をもとう。

◉幹部こそ、失敗したり恥をかいたりすることを覚悟して、先頭に立て。

◉会社のためを思って失敗した社員を、みすみすやめさせてはならない。

◉成功したということは、失敗を恐れずに挑戦した結果である。

第2章

「失敗」が人材を育てる

失敗した「ヒト」を責めず、「コト」を注意する

失敗した部下に、上司はどのように対応すればいいでしょうか。管理職の立場にある人がよく悩む問題です。頭ごなしに叱りつければ、本人のやる気を殺《そ》いでしまいますし、そのあとの人間関係にも微妙な影響を与えます。

かといって、「気にするな」といった類の言葉で慰めてばかりいては、いつまでたっても仕事のレベルは上がりません。

失敗を糧として、次の仕事につながるような対応を考えてみましょう。失敗を許容する会社ならば、対応は楽なのではないかと思われがちですが、そんなことはありません。許容するからといって、軽く考えてもらっては困ります。

失敗を正しく認識してもらうために、私は、「ヒトとコトを分ける」ことをすすめています。失敗したのは部下ですが、その「ヒト」を注意する対象とするのではなく、失敗して

しまった「コト」を考え直してもらうようにするのです。

いちばん悪い注意のしかたは、

「まったく、君は何回、失敗をすれば気がすむんだ」

「オレに恥をかかせるつもりか」

という類の発言です。部下が自分の人間性を否定されたと感じたり、上司が保身に走っているると受けとめられたりする言い方です。

「コト」を考え直してもらうには、

「君が悪いのではなく、今回、このやり方のどこかに問題があったかもしれないね」

「君は一生懸命やったけど、あの商品陳列のしかたは、お客さまから見て、わかりにくかったかもしれないよ」

というように、部下のやったコトをテーマの中心に据えて話をすべきでしょう。

こういう言い方をされると、部下は自分自身が否定されたのではなく、仕事のやり方を改めるように言われたと受けとめて、耳を傾けてくれるようになります。

部下をほめるときも同じです。ヒトをほめると、どこか抽象的になります。たんにもちあげているような軽い感じになってしまいます。

「よくやったね」「すばらしいよ」と言われて悪い気持ちになる人はいないと思いますが、

それより、

「君が提案した販売方法はとてもいい結果を生んでいる」

と言いながら、売上げに関するデータを見せるというように、具体的にやったコトをほめたほうが、言われた本人の心に伝わるものです。

売場でも、

「いまちょっと離れたところから見ていたけれども、君のお客さまに対する商品説明はていねいで、じつによかった。お客さまも納得して買っていかれたね」

と、やったコトの良さそのものを評価します。

こうすると、部下の心の中に、ほんとうにほめられたという実感が湧いてくると思います。

心に痛みを感じた人だけが成長する

「ヒト」と「コト」を分けて注意して、できるだけ次のステップに役立ててほしいと上司は思っていても、なかなか立ち直れない部下もいます。

失敗したことを心の痛みとして感じた人は、何も感じない人と比較すると、すでにひと皮むける第一段階に進んだと言えます。失敗しても平気な人や、あきらめの境地に入った人とは雲泥《うんでい》の差があり、その失敗は決して汚点ではありません。

そのことを頭ではわかっているのですが、〝十人十色〟と言われるように、人それぞれのもって生まれた性格により、すぐに痛みを肯定的にとらえて行動できるタイプと、痛みを傷と思っていつまでも引きずるタイプがあります。

後者のような部下がいたとき、あなたが上司ならどうしますか。こういう部下は、すこし長い目で見てやる必要があります。心の痛みを傷と思い込んでいる人には、多少の時間が必要であり、その間、上司が目をかけてやらなければならないと思います。

そんなときは、飲みに連れていくのでもいいし、お酒が飲めないならランチに誘うのでもいいでしょう。あなたがいつも気にかけていることを部下に伝えることが大切です。時間がたっても、上司や同僚が自分を見ていてくれると感じられるような環境をつくってあげましょう。失意のどん底から救い出すためには、「時間」と「目」が求められます。この二つが癒しになります。

それだけ痛みを感じた社員ならば、いつかきっと挽回するチャンスをつかむはずです。落ち込んだ社員に逃げ道をつくってあげるのも一つの方法です。

第1章で、通信コンテンツ事業で失敗したTさんの話を紹介しました。社内に「失敗のすすめ」を広めてくれたエバンジェリストです。

このとき私は、途中で、「これはもう失敗するな」と思ったので、本人には何も言わず、別の部署との兼務を命じました。やっている仕事が全部失敗したらいたたまれないだろうと考え、コンテンツ事業には失敗しても、別の業務で会社に貢献できるような精神的な逃げ道をつくっておいたのです。

その部署は、以前、Tさんも関連していた部門で、兼務を命じたときには深刻な赤字を抱えていました。

「そこに週に一、二度、夕方からでもいいから顔を出し、酒でも飲んで相談に乗ってやってくれ」

と、私は言いました。

すでに本人は痛いほど自分の失敗を自覚していますから、早く挽回できるチャンスを与えたいと考えていました。人事によってチャンスを与えることができたケースと言えます。

失敗も反省もしない社員への対処法

いくら「失敗のすすめ」をモットーとしているといっても、部下が失敗ばかり続けていると、正直、上司は困ってしまいます。

失敗から学ぶことができない、どこが失敗の原因となったかを気づかせようとしてもなかなか気づいてくれない、そんなどうしようもない社員は、どの会社にもいると思います。多少乱暴な言葉でアドバイスをしてみても、何をどう言っても、もうこれ以上は〝お手あげ〟というタイプです。なぜ、こんな社員を採用してしまったのだろうと悔やんでも、後の祭りです。

幹部が、こうした社員への対策に頭を悩ませることほど無駄なものはありません。企業にとって、大きな損失となります。

そんなときは、どうすればいいのでしょうか。企業によっては、そういう人間を一つの部署に集めて、「会社に貢献するプランを考える企画書を提出せよ」などと指示するところもあるようです。それで誰もが納得するような企画書が出せるのならば、そもそもそうした部署に集められるわけがありません。つまり、その種の部署をつくったこと自体が、会社をやめさせるためのたくみな方法なのです。

私から見ると、こういうやり方はどこかアメリカ式に思えます。マニュアルどおりに人を使うことで利益をあげる、失敗は許されない、すこしでも不要と感じる社員はリストラの対象として、成功する社員だけを集め、トップは考えられないような高額の報酬を手にする。逆に考えると、高額な報酬のためにつねに成功だけを求め、その基準でしか社員を評価しない考え方です。

わが社では、こうした社員を一つの部署に集めるようなことはしません。そのかわり、会社全体に、自然とこういうタイプを排除するような雰囲気がつくられています。

なかには、力仕事を担当する部署の責任者が受け入れるケースもありますが、幹部が言わなくても、失敗もしなければ反省もしない人間は、周囲の社員から〝いらない〟という眼で見られるのです。「イジメではないか」と受けとめられると困りますが、そういう社風がいつのまにかできあがっています。

組織には、このような雰囲気というか、共通の価値観がなければならない、と私は思います。私が決めたことでも、命令したことでもありません。「失敗のすすめ」という方針が生んだ副産物と言えるかもしれません。

とはいえ、〝白い眼〟で見られた社員が全員やめるわけではないことをお断りしておきます。そうした雰囲気の中で、自分はどうあるべきだったかにみずから「気づき」、やるべきことを見出して頑張っている社員がたくさんいます。

形式的な反省文など意味がない

失敗の原因はさまざまです。

原因が個人にあるものとしては、たとえば、たんなる不注意、怠慢、調査不足、誤った予測などがあげられます。

組織を原因とするものとしては、たとえば、連絡不足による意思の疎通《そつう》の欠如、方針の不徹底、運営の不調などがあります。

失敗の原因が起案者の研究不足や怠慢による場合、その責任は個人にありますが、そうした場合も含めて、組織内で失敗した人が出ると、幹部に責任をとらせる企業もあると聞きます。いわゆる、監督不行届きという理由によるものです。

そういう組織の幹部は、部下が引き起こしたことでも、自分に責任問題が発生するのを恐れるあまり、できるだけ自分の部署で失敗が起こらないよう、神経をとがらせます。その結果、組織は挑戦することよりも、現状維持の「守り」を優先することになります。

このような考え方が染みついた組織で社会的な問題や事件が発生すると、一挙に悪い方向に動き始めます。誰もが責任回避の方向に走って対応のしかたを間違え、ときにはトップの進退問題にまで発展することがあります。小さな失敗を避けたり隠したりする体質が、やがて取り返しのつかないような大失敗につながっていくのです。

いまでも、悲惨な事故が起こるたびに、過去の失敗から学んでこなかった企業体質が問われる報道をしばしば目にします。「失敗」という二文字が、いかに企業やビジネスマンにとってネガティブに受けとめられているかがわかります。

もし、失敗した社員がいても、それを許容し、本人に反省の機会と挽回のチャンスを与える組織をめざしていれば、失敗は教訓に変化します。万が一、大きなトラブルが発生したときでも、対応のしかたが違ってくると思います。

このような組織づくりをするためには、企業の経営トップや幹部が部下の失敗にどう対応するかという点が、とても重要なテーマとなります。なかには、失敗した本人に反省文を書かせるという企業もあるようです。

もちろん、わが社でも、失敗した社員には反省してもらいたいと考えていますので、表面的には同じかもしれません。しかし重要なのは、その中身と、そのあとの対応です。

たとえば、反省文がたんに決まった書式で提出され、それで大いに反省したことになってケリがつくようでは、まったく意味がありません。そんなことで、すべてが水に流されるようでは、ほんとうに反省したことにはならないでしょう。

また、幹部が経営トップに向けて、「本人もこのように反省しておりますので……」というかたちをとることで、幹部自身が責任を逃れる方策としているようにも思えます。悪くとれば、「責任の大半は、この反省文を書いた者にあります」という、幹部の責任転嫁ではないかと疑ってしまいます。

何度も言いますが、私が失敗をすすめるのは、失敗した本人が心の中で「チクリ」とした痛みを感じることが大切であり、この痛みが次のステップにつながるという前提があるからです。こうした失敗の効用を理解せずに、部下に間違った同情の言葉をかけたり、責任転嫁を図ったりする幹部は失格です。失敗を許容する意味を正しく理解して、部下の育成にあたってほしいと思います。

私がどんな決裁書類にも判を捺す理由

ところで、私の机には、毎日いろいろな決裁書類が届きます。投資が必要な案件、店舗の開発や改装、新しい販売企画や物流関係、さらには採用計画など、ありとあらゆる部門から、承認を求めてさまざまな決裁書類が上がってきます。

もちろん、私のところに届くまでに、各部門の責任者が目を通しており、たんなる思いつきや他社のモノマネのような案はフルイにかけられてすでに排除されています。いろいろな前提条件がついていたり、結論の数字にだけ囚《とら》われていたりする提案も、各責任者の段階で提出者に修正が求められます。

そうやって残った企画や提案だけが、私のもとに届けられるのです。なかには事前に相談があり、私のアドバイスによって部分的に書き換えられた決裁書類も含まれています。

私は、これらの決裁書類のすべてに判を捺すことにしています。

規模が大きい企業の場合、決裁書類の数があまりにも多いので、重要な案件だけに目を通して、あとは担当役員や幹部の承認があれば判を捺すという社長も多いようです。一つひとつ目を通していては時間がかかり、ほかの仕事にも差しさわりが出るため、決裁書類は機械的に処理したほうが合理的と考えているのでしょう。

私は違います。時間や手間はまったく関係なく、社員が確信をもって作成した決裁書類であれば、そのすべてに目を通し、承認します。

もちろん、なかには疑問符がつく企画もあれば、幹部の判が捺してあったとしても、失敗することが予測される提案も数多くあります。

また、決裁書類には、今後、どの程度の売上げや収益、費用の削減が見込まれるかという数字が記されていますが、私はそうした数字は願望値と考えることにしています。実際、八割から九割の確率でその数字に届くことはありません。

それでも、私は、承認の判を捺すことにしています。なぜなら、判を捺すことで、〝失敗の種〟を社内に播《ま》くことができるからです。〝失敗の種〟は、イコール、社員の〝成長の種〟でもあると思っています。ですから、私の承認は、期待を込めた「失敗のすすめ」でもあるのです。

不安があっても迷わずやらせてみる

私がつねに社内で失敗をすすめているため、若手社員からかなり大胆な企画が提出され、上司と部下の意見が対立することもあります。

たとえば、若手社員から出された提案について、マネジャーはまだまだ不十分な点があると判断し、いくつかの部分で修正させたうえで決裁書類を上げたいと考えます。未熟ではあるけれども、捨てがたい案だと思っているのです。

いっぽう、提案した若手社員は、多少の修正には応じるものの、基本的には当初の案に近いかたちでどうしてもやってみたいと考えています。上司に否定されても、ひるむことなく、

「自分が調査したデータをもとに、社長に決裁を仰いでほしい」

と引き下がりません。

こうしたケースは、わが社ではよくあることです。そんなとき、私は二人を呼んで、直接、話を聞きます。そして、たとえマネジャーが抱いた不安が的中するだろうと思っても、

「やらせようよ。決裁書類が出たら判を捺すよ」

と言います。ちょっと勇気がいることですが、必ずそうすることにしています。

次に、提案者である若手社員に対して、こう言います。

「君は、どうしてもやりたいと考えているんだよね。ところが、マネジャーは君の提案の中に納得できない部分があるので失敗するかもしれないと言っている。でも君は、うまくいくはずだと考えている。そこまで言うなら、君には勝算があるんだろう。自信がありそうな顔をしているね。じゃ、やってみよう。期待しているよ」

私のところまで話が届く提案は、社員が相当熱心に研究して十分に練り上げてきたものですから、私の言葉に対し、ほとんどの社員は、

「ハイ。このとおりになります」

と即答します。

頼もしいと思うと同時に、たとえ失敗しても、いまのような積極的な姿勢を崩さないで

ほしいと願いながら、私は承認することにしています。

失敗の原因は必ず把握する

こうして、新しい提案がビジネスとしてスタートします。やがて、いくつかの〝計算違い〟が出てきます。よほどの偶然が重ならないかぎり、新しいビジネスが何の支障もなく進むということはありません。程度の差はあっても、だいたいはいくつかのトラブルに遭遇します。

このときに重要なのは、どこが計画どおりに運んで、どこが想定どおりにいっていないのか、提案した本人がトラブルの原因を理解することです。もちろん、上司もそれをサポートしなければなりません。

ところが、実際に失敗すると、上司が承認したのだから最終的な責任は上司にある、と考える社員がいます。自分は部下だから、責任は軽いとでも思っているのでしょうか。

それは大きな間違いです。承認した上司や私に決裁責任があるのは当然ですが、提案した社員にも起案責任があります。具体的な根拠をあげて提案したにもかかわらず、思うようにいかなかったのは、その提案のどこかに失敗の原因があったということです。それに気がつかなかったのは、やはり本人の責任です。

とはいえ、失敗した社員が落胆した表情で私の前に現れたとき、その結果だけをとらえて責任を問いただしたりはしません。そんなことをすれば、社員が萎縮するだけで、誰も新たな提案をしようという気にならなくなります。

失敗の原因はどこにあるのか。

なぜ失敗したのか。

そのプロセスを知り、次の仕事に役立てることこそが大事なのです。それを本人に理解してもらうように指導する、それが「失敗のすすめ」の本質です。

めったにないことですが、幸いなことに、若手社員の企画が当初の予定どおりに成功したとしましょう。それはそれで大いに評価すべきです。成果が得られたことで自信がつき、次はもっと大きな成果があがるアイデアを出そうと努力するようになるからです。

ところが往々にして、成功という結果だけで満足してしまう場合があります。とくに、「とても売れた」というような数字だけに本人が囚われている場合は、そのあとの成長にむしろ悪影響をおよぼすことがあります。数字だけを追いかける癖がつき、多少無理をしても「売れる」ことのみを考え、もっとも重視しなければならないお客さまのことを忘れてしまうからです。

好事魔多し、とよく言われます。成功しても、その要因を振りかえる謙虚さが必要です。自分一人の力で成功がもたらされたのではない、ということに思いをめぐらすことが大事なのです。

一人で結果を出すケースは稀《まれ》です。いや、ほとんどないと言えます。何らかのかたちで周囲のサポートがあったはずです。そう考えるようになれなければ、その先には、せっかくの成功を帳消しにするような落とし穴が待っていることになります。

減点主義が失敗を恐れさせる

私は、若い社員に失敗を重ねる重要性をわかりやすく説明するさい、子どものころに自転車に乗れるようになったときの話をします。

いきなり自転車をスイスイと乗りこなした人はいないと思います。はじめは補助輪付きの自転車で、左右のペダルを上手に踏むことを覚えます。このとき、転ぶことはまずなかったはずです。ガラガラと補助輪の音をさせながら、右へ左へとハンドルを切って自転車に乗る楽しみを知りはじめたころ、補助輪が外されます。

そうなると、これまでのようにはいきません。ペダルを踏んでも、まっすぐ進む前に自転車が傾き、足をついてしまいます。転んでひざをすりむいたり、手をついた拍子に血がにじんだりすることもあります。ときには泣きべそをかきながら、親や年上の兄弟に自転車の後部を押さえてもらって練習をしたのではないでしょうか。それでも、何度か足をついたり、転んだりします。

そのうち、ある日、ひょんなことからペダルを思いっきり踏み込んだ勢いで前に進み、多少フラフラしながらも自転車に乗れるようになる——誰もがそんな経験をしたはずです。

鉄棒の逆上がりもそうでしょう。鉄棒にぶら下がって思いきって足を振り上げても、はじめはバタンと地面に足がもどるだけです。手のひらが赤くなったり、皮がすりむけたり、お腹や腰の骨を鉄棒にぶつけたりという痛みをこらえて何度も挑戦しているうちに、あるときクルリと体がまわります。こうして一度つかんだコツを何回か繰り返すことで、いつも逆上がりができるようになります。

こういう話をすると、若い社員も「なるほど」という顔で聞いてくれます。みんな経験があるからでしょう。ところが、社会人になると、そんな大切な経験を忘れて、なんとか失敗を避けようとします。

なぜ、失敗の痛みを味わわないようにしようとするのでしょうか。

私は、学校生活を通して染みついた減点主義の影響があるのではないかと思っています。

学校では、勉強ができれば評価されます。いっぽう、先生に従わなかったり、友人関係でトラブルを起こしたりすると、理由がどうであれ、失敗したと見なされ、減点されることが多いようです。これは、私の考えとは一八〇度違います。

本来、社会に出たら、こうした減点主義は捨てなければならないのです。しかし、社会人になると、一つひとつの言動におカネや地位が絡んでくるうえに、プライドも絡みます。失敗したら社内での評判が落ちる、サラリーマン人生に傷がつく、というようなことが頭に浮かびます。

たしかに、失敗すると、そのあとのコースに影響が出るという、いわゆる減点主義の企業もあるようですが、これでは多くの社員が「守り」の姿勢となり、時代の変化に対応する企業にはなりえません。一人ひとりが一歩ずつ引いているうちに、気がついたら、組織そのものが一〇〇歩も一〇〇〇歩も時代から取り残されていたということになりかねないのです。

たとえ失敗しても、いつでも挽回するチャンスがある組織に変えないかぎり、その企業には衰退の道が待っているだけだと思います。いつも「攻め」の姿勢をもち、その結果の失敗は、いつか成功に結びつくという考え方が、いまの企業に求められている、と私は信じています。

ですから私は、入社式から時間をかけて、「失敗のすすめ」を説くようにしているのです。減点主義で育ってきた若者たちは、かなりとまどうのではないかと思ったこともありましたが、最初にきちんと伝えることができれば、何も問題はないと楽観視しています。

下手な鉄砲も数打ちゃ当たる

私が社員に対してよく口にする言葉の一つに、「下手な鉄砲も数打ちゃ当たる」というのがあります。どこか偶然を期待しているようで無責任と思われるかもしれませんが、そんなことはありません。基本にある思いは、「失敗のすすめ」と共通しています。

この考え方に立って歴史上の出来事を見てみると、同じような視点で成功したと思われる例があります。

たとえば、一五七五（天正三）年の長篠《ながしの》の戦いです。織田信長と徳川家康の連合軍が、当時、最強と言われていた武田勝頼率いる騎馬軍団を破ったのは、文字どおり、「下手な鉄砲も数打ちゃ当たる」という考え方が功を奏したのだと私は解釈しています。

この長篠の戦いは、長篠城（現在の愛知県新城市）をめぐって始まりましたが、実際に両軍が激突したのは城の西に位置する設楽原《したらがはら》です。

これまでよく知られているのは、信長が当時の最新兵器であった鉄砲を三〇〇〇挺以上も用意し、この兵器を使用する部隊を三つに分け、迫りくる騎馬軍団をねらい撃ちにして勝利したという話です。

最新兵器とはいえ、一つひとつ弾を込め、火縄に火をつけて、ねらいを定めるというように、当時の鉄砲は発砲するまでに時間がかかりました。この欠点をカバーするために、信長は、鉄砲部隊を三つに分けました。

まず、最初の部隊を一列に並ばせ、発砲したら後方に下がって弾を込めます。そのあいだに、すでに発砲準備を終えている二列目が前に出て攻撃をします。二列目が発砲したら、次は三列目が前に出てきます。これを繰り返すという戦術で、絶え間なく武田軍に銃弾を浴びせかけ、勝利をつかんだと言われています。

もっとも、最近の説としては、設楽原の地形から一〇〇〇挺が横一列に並ぶのには無理があり、実際は鉄砲隊三人が一組となる分業制をとることで、弾を込めては発砲していたのではないかとも言われています。鉄砲の数は三〇〇〇挺ではなく、一〇〇〇挺くらいだったという記録も残っているそうです。

真偽のほどはよくわかりませんが、いずれにしても、織田信長がまったく新しい戦術によって大勝利を手にしたことは間違いないと思われます。

鉄砲は一五四三（天文一二）年に種子島《たねがしま》に伝わり、これをもとに戦国大名は競うように〝最新兵器〟の研究、製造を命じました。大きな音と同時に体に穴をあける兵器などと言われて、その威力は多くの武将が認めたものの、連続して発砲することができないため、合戦の武器としてはいま一つ効率的ではないと思われていました。

そのため、戦《いくさ》のはじめには使用できても、そのあとは、やはり刀や槍で攻撃する戦術が一般的だったようです。そうした欠点を補い、恐るべき威力を発揮する戦術を考えたのが織田信長でした。

まさに戦術革命です。新しいビジネスモデルの誕生です。ほかの大名は、鉄砲がもつ本来の威力を十分に引き出すことができなかったと言えるでしょう。私は、この戦の前に、どれだけ「下手な鉄砲も数打ちゃ当たる」式の訓練が繰り返されたことかと想像してしまいます。

まだ十分な飛距離と安定した弾道を期待できない鉄砲の力を最大限に引き出すには、その名を全国に轟《とどろ》かせていた武田の騎馬軍団をできるだけ引きつける必要があります。一定のリズムで弾を込め、照準を定め、軍馬で突進してくる敵に発砲する――その一つでもうまくいかなければ、敵を引きつけたぶんだけ、布陣が崩される危険性があります。

織田軍の鉄砲部隊は、「下手な鉄砲も数打ちゃ当たる」の過程で失敗も数多くあったはずです。高価な弾もずいぶん使ったことでしょう。弾を大事にするあまり、一発、二発くらい発砲させる訓練では、とても実戦では役に立ちません。一人、二人の斥候《せっこう》をねらうくらいが関の山だったでしょう。

つまり、信長は、いざというときに備えて投資したということです。この投資が、天下の流れを決める合戦で大いに役立ったのです。

最初は失敗しても当たり前という気持ちで

合戦の話が長くなりましたが、私の経営哲学とも言うべき「失敗のすすめ」と「下手な鉄砲も数打ちゃ当たる」という言葉には共通する考えがある、という例で取り上げてみました。

これについて、もうすこし説明をしておきましょう。

会社に入って、一年目から成功する人はめったにいないはずです。もちろん、社会人としてのルールやマナーを教わったり、テキストを読んだりするでしょうし、何よりいちばん大切な仕事の進め方を先輩から見様見真似で学びます。

だからといって、すぐに大きな商談をまとめたり、ヒット商品を生み出したりできるわけではありません。誰もが必ず何回か失敗を経験します。ときには、取引先とトラブルになることもあります。先輩や上司がそれをカバーしてくれて、なんとか切り抜けていくのです。

まさに、下手な鉄砲を何度も打っている状態と言えます。まだ正確に的に当たることはありません。たとえうまくいった仕事でも、先輩の力に負うところが大きい日々が続きます。

そのうち、すこしずつ仕事のコツを覚え、規模は小さいかもしれませんが、一人で仕事を任されるようになり、ようやく小さな成功を体験することができるようになっていきます。同時に、人間関係も広がっていきます。これが、企業の中で誰もがたどる道ではないでしょうか。

とにかく、最初は〝下手な鉄砲〟をたくさん打つしかありません。それしかできないと言ってもいいでしょう。いちおう、「的はあそこだ」と考えて引き金を引きますが、それでも外れることを繰り返しているうちに、ビジネスの〝腕〟が上がっていくのです。

最初は下手で当然です。とにかく失敗を恐れず、下手なのは当たり前だと思って、自分から一歩を踏み出してみることが大切です。

新入社員が下手な鉄砲を打ちつづけているあいだ、企業は投資をしていることになります。私も社員に投資をします。失敗という投資です。その中から腕を上げる社員がたくさん育てば育つほど、企業の〝戦闘力〟は高まっていきます。

本人が精いっぱい努力した結果の失敗は、いつか多くの成功をもたらす、と私は確信しています。

失敗はマネジメントツールの一つ

失敗は、あくまでも結果にすぎません。本人は、そこにいたるまでのプロセスや原因がよくわかっていますが、周囲からは「失敗した」という結果しか見えないものです。

そのため、マイナスの評価が下されたり、長いあいだ「失敗」というレッテルが貼られたままになったりします。ですから、失敗するような仕事にはできるだけかかわらないようにしよう、と考えてしまうのではないでしょうか。

ひと昔前なら、それで通じたかもしれません。先輩に教えられたとおりに仕事をする、昨日と同じことを今日も繰り返す――それでも商談がまとまり、モノが売れ、その結果、収入が上がった時代がたしかにありました。

東京オリンピック前後の昭和三〇年代から四〇年代後半までの高度経済成長期、昭和六〇年代から平成のひと桁までのバブル経済のころがそうでした。何度かオイルショックが日本を襲い、経済が一時期混乱したものの、それを克服する技術開発にリーダーシップを発揮した企業が活躍し、その恩恵にどっぷりと浸った企業と会社員がたくさんいたのも事実です。でも、そんな時代はもうとっくに終わっています。

失敗について、私と同じような考えを二〇年以上も前に本に書いた経営者がいます。戦後すぐに、井深大《いぶかまさる》氏とともにソニーの前身である東京通信工業を創業し、のちに社長、会長としてソニーを世界的企業に育てあげた盛田昭夫氏です。

日本を代表する経済人の一人である盛田氏は、一九八七（昭和六二）年に出版された半生記とも言うべき『ＭＡＤＥ ＩＮ ＪＡＰＡＮ』（朝日新聞出版）の中で、失敗についてこう書いています。

失敗や誤算は人間にとってはふせぎようのないことだし、長い目で見れば、会社に損失を与えるばかりではないと考える。

もし失敗した人間がそのことだけで刻印を押され、将来のチャンスを永久に失うとすれば、その人間は一生、人生と仕事に対する士気を喪失するだろうし、会社は、その人間がもしかしたら後にあげるかもしれない業績を失うことになるだろう。逆に、もし失敗の原因が明らかになるならば、失敗した人間はそのことを肝に銘じて忘れないだろうし、他の人々も同じ過ちを犯すことはないだろう。私は社員に、「自分の正しいと思うことはどんどんやりたまえ。たとえ失敗しても、必ずそこから何かを学べるはずだ。ただし、同じ過ちは二度とくり返さないようにしたまえ」と言っている。

盛田氏も、失敗の効用を十分に理解していました。氏の言葉にあるように、失敗の原因を明らかにして肝に銘じて忘れなければ、きっと何かを学ぶはずです。失敗をたくさん経験しても、いつかは大きな成功を実現させる。目的は、成功です。だからこそ社員に失敗をしてもらい、それを許容する会社でありたい、私はそう願っています。

失敗はマネジメントツールの一つです。どんどん失敗することで、人は育つのです。もちろん、そのためには失敗してもいいという企業風土と、それを支える幹部の存在が欠かせません。

私は、社員の失敗を投資として見守ることが当たり前という考え方を、さらに浸透させていきたいと思っています。

失敗の数より成功の数を増やす

あなたは、「失敗∧成功」という数式を目の前にしたとき、どんなことを考えますか。

これは、大きな失敗があったとしても、たとえ小さくてもいいから成功がたくさんあると、〝塵《ちり》も積もれば山となる〟で成功のほうが大きくなるということを表しているのです。

わが社の売上高が伸びているのは、まさにお客さまに喜ばれる小さな成功の数が年々増えているからだと私は思っています。「失敗のすすめ」が功を奏していると言えるでしょう。

失敗を許容することで、若いうちから社員一人ひとりが積極的な姿勢をもつようになり、組織を大きく動かすような大胆なプランも出しやすくなります。また、途中で失敗しそうになったとき、これまでの経験から、計画の立て直しを図ることができるようにもなるのです。

それでも失敗したとしても、次は必ず成功させてみせるという気力が湧いてきます。考え方としては、前向きな性格をした野球選手に似ているかもしれません。

たとえば、打率のアベレージが二割五分の選手は、確率的に四回打席に立って一回はヒットを打つことになります。

そうすると、たとえ一打席目でヒットが打てなくても、落ち込むどころか、「次の打席では打てる確率が三割に上がった」と考えます。四打席に一回はヒットを打つわけですから、一打席終わってノーヒットということは、これから三回打席に立つうちに一回はヒットを打つ目算になるからです。

ですから、「次に打席に入ったときの打率は三割三分三厘」と考えます。もし、次の打席もノーヒットならば、三度目の打席は打率五割、三打席ノーヒットなら四度目の打席は打率一〇割と思ってバッターボックスに入ります。

野球選手は、チャンスのときにヒットを打つことを求められます。前向きな性格の選手は、打点を稼ぐことができそうだった打席で凡打しても、そのあとにチャンスがまわってくれば、ヒットを打つ可能性が高まったと発想します。実際、こうした選手は、アベレージの打率よりチャンスのときの打率が高いと言います。

とはいえ、どんなにすぐれた選手でも、ヒットは一シーズンを通して三打席に一回くらいしか打てません。仕事も同じです。いつも成功する仕事をする人などほとんどいないのです。

それならば、やがて、三回に一回くらいの割合で成功させることができるようになる日が来ることを目標としつつ、まずは五、六回に一回くらいは仕事でヒットを飛ばそうと考えましょう。そうするうちに、二塁打、三塁打、もしかするとホームランを打てるようになるかもしれません。

大事なことは、やってみようとする気力と、その気力をもちつづける姿勢です。

私の愛読書に、『ビジネスマンの父より息子への30通の手紙』（キングスレイ・ウォード著、城山三郎訳、新潮社）という本があります。

著者のウォード氏は、公認会計士として働いたあと、化学事業の会社を七社つくって成功させました。この本に掲載されている手紙は、息子が一七歳のときに書き始められ、約二〇年後に、会社を息子に譲るときまで書きつづけたもので、ビジネスマンが直面するさまざまな局面に対して、どう生きていくかというアドバイス集とも言えます。

この本に、次のような言葉があります。


うち負かされ、失敗し、落胆し、そして欲求不満に悩まされないで、相つぐ成功を収めた人を私は知らない。このような苦しい時期を乗り越えられるかどうかが、勝者と敗者を分ける。

人は失敗するたびに何かを学ぶ。なかには貴重な教訓を学ぶ失敗もある。（中略）その教訓は何か？　努力しなければならないということである。

私が失敗の種を社内に播こうと考えるのは、このような文章に心から共感する社員を一人でも増やしたいと願っているからです。

失敗集をつくろう

失敗をオープンにする方法の一つとして、私は「ノジマ失敗集」をつくろうと思っています。まず手始めに、社内報に「私の失敗」というようなコーナーをつくり、一〇〇件くらいそろったら、それをまとめてみるつもりです。

失敗をノウハウとして蓄積し、社内に広く伝え、さらに語り継いでいきたいと思っています。これを読んだ社員が、あたかも自分が失敗を体験したように感じ、自分ならどう克服するかを考えてくれるようになればいいなと願っています。

失敗した話は、具体的であればあるほど実感として伝わります。個人的な体験ほど重要です。そのとき、どう悩んだか、誰がどのようにサポートしてくれたかなどが細かく記されていればいるほどいいでしょう。人材育成のテキストにもなります。

たとえば、こんな順序で、できるだけ具体的に書いてもらいます。

①私は、こんな失敗をした
②その失敗には、こんな経緯があった
③原因は何だったのか。その根拠は何か
④その失敗をどう反省したか（こうすればよかったかもしれない）
⑤組織的に問題があった場合は、それをどんな方法で解決したか
⑥失敗を挽回するために何を考えたか

こんなことを書いてもらい、ある程度の数が集まったら社員に紹介します。内容が充実したときには、失敗を挽回したベストテンを決めてもいいでしょう。

ほかの企業ではなかなかできないかもしれませんが、ノジマでは可能です。社内でよく飛び交う「反省・対策・効果」の実例がわかります。

これは、「このような失敗をするな」ということを知るためにつくるのではありません。それではタブー集になってしまいます。まったく逆で、安心して失敗ができる環境があることを理解してもらい、さらに大きな挑戦をしてみようと思ってもらうための資料なので

す。

まさに、「失敗のすすめ」の実例集です。これも失敗を躊躇《ちゅうちょ》しない社員を増やすためのマネジメントツールにすることができれば、と考えています。

Point

◉失敗を正しく認識してもらうためには、「ヒトとコトを分ける」ことが大切。

◉失敗したことを心の痛みとして感じた人は、必ず挽回するチャンスをつかむ。

◉〝失敗の種〟は、イコール〝成長の種〟でもある。

◉失敗の原因はどこにあるのか、なぜ失敗したのか、そのプロセスを知ろう。

◉成功しても、その要因を振りかえる謙虚さが必要。

◉最初は下手で当然。とにかく自分から一歩を踏み出してみることが大切。

◉いつも成功する仕事をする人などほとんどいない。

第3章

「失敗」して伸びる人・伸びない人

失敗の原因を他人のせいにしない

何度失敗しても、そこから反省して力をつけていく人と、そうでない人との違いは、失敗を自責にするか他責にするかでわかります。他責にする人は、悪いタイプの典型です。やはり、なかなか伸びません。

基本的に、私は、失敗したことを叱らないと言いましたが、怠惰による失敗、失敗したことをほかの人や会社や世の中のせいにする人は激しく叱ります。こういう姿勢は、今後、その人のためにならないからです。そもそも、このような失敗は、本質的に私が考える失敗ではありません。

たしかに、自分だけのミスではない部分もあるでしょう。いろいろな意味で世の中の変化が激しいため、対応するのは大変かもしれません。でも、そうやって他責にしているかぎり、その人は成長しません。

なかには、自分の言ったことが他責になっていることもわからない人がいます。とにかく、次から次へ言い訳をします。自分自身に失敗の原因があるにもかかわらず、経済環境や他人のせいにしたりします。自分ではどうしようもない条件が重なって失敗したことを滔々《とうとう》と述べます。

あるいは、提出した決裁書類に引用した名の知れた企業や研究所のデータが見通しを誤っていて、それが失敗の原因だったなどと言う人もいます。聞いてみると、自分で調べもせず、外部のデータに頼りきって願望値を算出しています。依頼心の強さからくる失敗であり、これも他責の一種です。はじめから、そういうことを織り込んで考えるのが計画であることを理解していません。

実際にはすこし反省しているのかもしれませんが、失敗の説明を求められると、ついつい自己弁護に終始する人もいます。そういう人間に対しては、私はわざとすこし大きな声で、

「言い訳ばかりしている脳みそを換えてこい」

と言ってやります。

すこしきつい口調になりますが、「失敗のすすめ」を理解できない人に対しては、きびしい態度で臨むこともリーダーには必要なのです。

失敗した同僚を批判してはならない

もし、同僚が失敗したことだけをとらえて、批判したり中傷したりする人間が社内にいる場合は、私はこう言います。

「君の言っていることは、木を見て森を見ない論理だ。枝葉ばかり見てどうする。枝葉を強くしても、森どころか木も育たないよ。ちょっとくらい枯れた枝があったからといって、そこばかり見てモノを言っているようでは、木は大きくならないし、いわんや森などできっこない。一本一本の木を大きくして、森をつくるにはどうしたらいいのか、それを考えろ」

失敗すると、一時的に経費が増えます。自慢ではありませんが、当社の販管費、つまり販売費および一般管理費の売上総利益に対する割合は、他社と比較して高い数値になっています。

これは、宣伝費や人件費が高いからではありません。失敗開発費とも言うべき数値が高くなっているからです。この比率を見て、非効率と思う人もいるでしょう。でも、私は、そう考えてはいません。この数値がやがて成長の数値となるのです。

お客さまに喜んでもらうための失敗なら、数字なんてどうでもいいのです。お客さまのことを考えていれば、いつか結果は必ず出る、と私は確信しています。すこしくらいの枯れ枝があっても、一本の大樹、そして森をつくることをめざしているのです。

株主の中には、株主総会で、失敗した投資についてきびしいご意見を述べられる方もいます。「ノジマは無駄なことを簡単に許す会社だ。そんなことをやらなければ、もっと配当が増えたはずだ」とお考えのようです。

私は、社長として、自分の考えを伝えて理解を求めます。もちろん、失敗した回数が多かったり、それによって多額の費用がかかったりした場合は、利益が減ってしまいます。それでも、「もうすこし長い目で会社を見てください」とお願いすると、多くの株主の方は私の考え方に賛同してくださいます。

ノジマはこの一六年間、配当を下げたことはありません。社員の給料もそうです。利益の額に波はあっても、いつも右肩上がりです。失敗があっても、それをカバーするだけの力が会社についているからだ、と私は考えています。

ですから、これからも、さらに失敗をすすめていくつもりです。

「見えない失敗」がもっとも怖い

失敗にもいろいろありますが、もっとも怖いのが隠れた失敗です。失敗したかどうかになかなか気がつかないので、「見えない失敗」と言うこともできます。

「見えない失敗」とは何かというと、世の中が変わっていることに気づかず、やり方を変えないことによる失敗です。原因や責任が明確にならないまま、いつのまにか失敗したという結果だけが連続して残ります。

たとえば、いま売れている商品があったとしても、それが何カ月も何年も売れつづけるとはかぎりません。とくに、デジタル機器関係の消費傾向は変化が激しく、一日たりとも目が離せないと言っても過言ではありません。

時代の変化というのは目に見えないかたちで徐々に訪れます。ですから、最初はなかなか気づきません。そのうち、組織の動きがしだいにお客さまの気持ちから外れていき、やがてそれが数字になって表れ、時代から取り残されたことがはっきりわかってきます。それでも変われないでいると、お客さまの気持ちから完全に外れてしまい、路線を変更しようにも、もう手遅れになってしまうのです。

この見えない失敗こそが、企業をだめにするいちばん大きな原因だ、と私は考えています。時代の変化という、とらえにくい動きが原因であるだけに、失敗を認識するまでに時間がかかります。しかも、気づいたときに対応策を打っても、そう簡単に効果は表れません。

若い社員に向けて、この問題をわかりやすく説明するために、私はよく、次の〝茹《ゆ》でガエル〟の話をします。

カエルを熱いお湯に入れると、飛びはねてすぐに逃げ出します。しかし、鍋に入った水の中で気持ちよく泳いでいるときに火をつけ、だんだん熱くしていくと、カエルは気づかないうちに茹であがって死んでしまうと言います。

世の中が変わっているのに、組織や個人が変わらないでいるというのは、茹でガエルになろうとしているようなものです。時代の変化に気づかないこと、その結果、変わらないことそのものが大きな失敗と言えます。

このような失敗を防ぐには、つねに、お客さまの立場に身を置くしかありません。現場で直接、お客さまに応対する、お話を聞く、どんな商品が必要で、どんな商品が不要となっているか、そうした時代の流れをお客さまから教えてもらうことが大事です。

あなたがお客さまの視点を見失ったときが、時代から取り残されるときでもあります。お客さまをしっかり見つめていたかどうか、そこがよい失敗と悪い失敗の分かれ目でもあるのです。

失敗をいやがる人はいらない

人は失敗からしか学べない、とよく言われます。成功の満足感より、失敗の苦しみ、落胆を味わったほうが、長い目で見ると、その人を成長させることが多いと思います。私が「失敗のすすめ」を唱えるのも、同じ理由です。失敗を繰り返した体験こそが、長いビジネスマン生活の中で大きなパワーとなるからです。

ノジマに入った人には、まず、「失敗してもいいんだ」ということを理解してもらう必要があります。私から見ると素材にまったく問題はなく、性格もいい新入社員が多いのですから、あとは、こちらが、どれだけ伸びるチャンスを提供できるかにかかっています。

ですから、新入社員には、ノジマの方針をできるかぎり私の口から伝えるようにしています。といっても、これは新入社員をうまく使おうと考えているからではありません。

私は、若い人たちに、どんどん失敗して、勉強してほしいのです。会社のおカネで失敗できるのですから、こんな幸福なことはないでしょう。実際、私の若いころは、会社のおカネは使えても背水の陣を敷かざるをえなかったのですから、現在の新入社員は恵まれていると思います。

就職活動を支援する企業によると、ノジマは学生の応募者数が多い企業の中でもトップレベルだそうです。とてもうれしいことですが、だからといって優秀な人が来てくれるとはかぎりません。

ここで言う「優秀」というのは、勉強ができるとか、有名校を卒業したという意味ではありません。ノジマのビジネスが何であるかを正確に把握して、実行してくれる人のことです。

わが社では、私が「失敗のすすめ」を言いつづけ、事実、そのとおり、失敗を数々経験して変わりつづける人が多いので、失敗をいやがって変われない人は、いづらくなってやめていきます。

では、社員の入れ替わりが激しいのかというと、そうでもありません。年間の社員の退社率は、おそらく、業界でもっとも低いはずです。

たとえば、二〇一〇年度の新入社員三四〇名のうち、一年後の二〇一一年三月末現在で退職した人数は約一割強の四〇名です。さらに、大卒にかぎってみると、退職率は一割以下に下がります。二〇〇〇年代前半には、七〇名採用して、一年間で退職したのは一人という年もありました。

以前、いわゆる「売り手市場」と言われた時代には、二〇〇名採用して一年間で五〇～六〇名もやめたことがありました。しかし、それ以外は、離職率は低く抑えられています。これは決して自慢するわけではありませんが、失敗しながら成長するノジマの特徴がしだいに浸透し、若い世代に受け入れられているのではないかと思っています。

打たれ強い「出る杭」をめざそう

「出る杭《くい》は打たれる」とよく言われるように、才能があり目立つ人は、組織の中では嫌われたり、排除されたりすることが多いようです。とくに、若い〝杭〟は周囲からのいじめにあうこともあります。日本の組織の悪《あ》しき一面です。

私は、〝出る杭〟をどんどん伸ばしたいと考えています。出る杭には何がしかの才能があります。その力を認めて伸ばさないのは、企業にとって大いなる損失と言えます。だからこそ、会社内の人びとが〝出る杭〟を見守る必要があるのです。

彼（彼女）が伸びて、成功したら、それをみんなが真似するようになります。たんに真似をするだけでなく、その杭をさらに上まわることを考えるようになると思います。

では、目立ちたがり屋はどうでしょうか。だいたいの組織で評価されません。どこか中身がともなわないと思われがちです。

でも私は、仕事ができるようになりたければ、目立ちたがり屋になることも必要だと思っています。ノジマでは、目立ちたがり屋も大歓迎です。もしかすると、ほんとうにやりたいことがあるのに、それを表現する方法がまだわかっていないだけという可能性もあるからです。

ですから、私は、周囲が「ただの目立ちたがり屋の提案だ」と言っても、ぜんぜん気にせず、ゴーサインを出します。中身があるかどうかは、実際にやらせてみないとわかりません。見た目だけで判断しないことが大切です。

ほんとうの〝出る杭〟は、周囲からの評判を気にせず、杭のままやり遂げます。そして、さらに大きな杭となって出てきます。「失敗のすすめ」でどんどんチャレンジをすすめる意味は、そこにあるのです。

とはいえ、残念ながら、これまでにも何度か失敗したことがあります。〝出る杭〟であることを期待したのですが、やはり、たんなる見た目だけの目立ちたがり屋で終わったというケースも少なからずありました。

〝出る杭〟や本物の目立ちたがり屋を発掘するために、ノジマには「オーダーエントリー」

という制度があります。二〇〇二（平成一四）年に導入した制度で、まず、会社が取り組もうとしているプロジェクトを発表して、社内から参加したい希望者を募ります。

次に、各自にプレゼンテーションを行ってもらい、幹部が審査員となって新プロジェクトに参加してもらうメンバーをオープンな形式で決定します。こうしたプレゼンテーションの中には独自の提案があり、当初考えられていたプロジェクトにも大変よい影響を与えます。

このプレゼンテーションの審査に加わると、若い社員の資質を見ることができます。きちんと数字の裏付けを調査し、どうすればお客さまに満足してもらうことができるかを理論的に説明する人、一見、豊富に資料をそろえたようでも、結局、「がんばります」「やります」の精神論が前面に出てしまう人など、いろいろなタイプの人たちが自分の考えをアピールします。

審査員の結果は、ほとんど一致します。精神論が目立つタイプはまずダメです。ほんとうの精神論とは、言葉だけでなく、今後の活動をきちんと組み立てられる心がまえだと思うのですが、口先だけの人には、その部分が欠けています。それを補うために、「がんばります」を連呼するのかもしれません。

仕事と作業の違いを理解する

失敗を恐れない社員が増えることはよいことですが、たんに失敗しただけで終わっては、まったく意味がありません。失敗をマネジメントツールとするためには、そのプロセスを振りかえり、失敗の原因を考えることが重要です。

このような思考回路をもつことができないタイプには、何でも上司の指示を仰いで教えてもらおうとする人が多いようです。こういう人は一見、「ホウレンソウ」、すなわち、報告、連絡、相談のうち、いつも相談しているようで好ましいように思われがちですが、そうではありません。

相談とは、大事な局面や失敗しそうなときにアドバイスや判断を仰ぐことであり、つねに指示を仰ぐのは、たんなる〝指示待ち人間〟でしかありません。そもそも、教えることで社員は育たない、と私は考えています。もちろん、会社の規則や伝票の書き方、システムの操作方法などはきちんと教えなければいけません。

しかし、お客さまに対して、どのような商品をどのように提供していくかというような仕事は、手とり足とり教えるだけでは身につかないと思います。社員自身が、どうすればお客さまに喜んでもらえるかということを真剣に考えなければ、いつまでたってもほんとうの仕事はできないでしょう。

ビジネスでは、成功するための公式はありません。算数のように、計算を正しく行えば正解が出ることもありません。正解にできるだけ近づくために、自分で考えなければならないのです。

上司も、「これが正解を求める方法だ」という指示を出すことはできません。相談されたとしても、すこしずつベターなやり方を見つけるためのアドバイスをすることしかできないのです。

気をつけなければいけないのが、〝作業〟と〝仕事〟は本質的に違うということです。作業は教えられたことを、そのとおりにやることです。仕事は、会社で進められている事業のシステムをすこしでも改善していこうとすることです。

これは、自分が所属する部署の事業だけにかぎりません。たとえ他部署のことであっても、会社にとってプラスになること、お客さまに喜んでもらえることを提案し、実行するのが仕事です。

また、作業と思われる中にも仕事はあります。倉庫に商品を搬入したり、店舗の清掃をこれまでどおりに行ったりするのは作業ですが、搬入のしかたや在庫管理の方法を改善するアイデアを考えたり、お客さまの目に店舗がすこしでも清潔に見えるような工夫をしたりするのは仕事です。

仕事のやり方まで先輩や上司に教えてもらおうとする人は、仕事をまだ作業としてとらえているレベルと言えます。失敗が足りないどころか、これまでにほんとうの失敗をしていないのではないかと思ってしまいます。こういうタイプにこそ、もっと「失敗のすすめ」を理解してほしいものです。

「無謀の人」と「有謀の人」

それでは、仕事を覚えるきっかけは何でしょうか。先に、「アイデア」と「工夫」という言葉を使いましたが、さらにもう一歩突きつめて考えると、大事なことがあります。それが「気づき」です。現状に対して、「こうしたほうがいい」と気づくことから、アイデアや工夫への第一歩がスタートするのです。

ノジマでは、作業だけでなく、仕事についても手とり足とり教えることがありますが、それは「気づき」を身につけてもらうためであって、上司の言うとおりに動いてもらうためではありません。部下が考えるようになるための第一歩である「気づき」を身につける、誘い水のようなものです。ヒントを与えて、つねに考え、工夫する姿勢を忘れないようにさせるのです。

現実に、オーダーエントリー制度を繰り返しているうちに、応募してくる社員が大きく二つに分かれるようになりました。エントリーしたものの、たんに「やりたい」と希望するだけで、具体的な提案はかたちばかりのタイプと、その仕事をやろうと思った動機から始まり、やりたいことの根拠をデータで具体的に示すタイプの二つです。

前者のタイプを、私は「無謀の人」と呼んでいます。実質的には何のプランもなく、あるのはカラ元気だけです。「気づき」などはありません。だから、やりたいことが抽象的になります。

こういうタイプの人には、

「いい勉強になっただろう。〝がんばります〟ばかりを繰り返すというのは、たんに参加したというだけだ。ほかの人の話を聞いたかな？　君と違って理論的でしょ。次のチャンスにまた来なさい」

と言ってやります。

後者のタイプは、仕事に対する姿勢がしっかりしている「有謀の人」です。このタイプは、失敗しても自分で「気づき」ができます。これまでいくつかの失敗を経験してきたことで、ほんとうの仕事とは何かを知っています。

「気づき」を身につけた人は、仕事をしているうちに失敗する可能性が見えてきたことを察知できるようになります。これまでの経験から「勘」が働くのです。

では、「勘とは何か」と言われると、明確に答えることは難しいのですが、自分の予測と現実のあいだにすこしずつズレが生じていることを、早い段階で察知する能力だと思います。

さらに、そのズレがどこから生じたのか、時間をさかのぼって追求していくことができる人は、失敗の痛みを実感したことがあるはずです。今度こそ、二の舞を演じないと考えています。

いま振りかえると、若いころの私がそうでした。これはリスクがあると感じたときは、はじめの計画と違ってきた原因を探り、修正を図ります。このまま進んで失敗しないように、仮説を立てます。それでうまくいかなければ、別の方法を考え、いくつかの仮説を検証します。

それはあたかも、ビジネスプランというブラックボックスに仮説を入力して、出力される結果が成功となるかどうかを分析しているようなものでした。いくつかの仮説を立て、検証を繰り返していくうちに修正案が出てくるのです。

このように仮説と検証を何回も実践すると、仕事の能力も向上します。「気づき」が仕事の能力アップにつながっていくプロセスです。多くのビジネスマンが、意識しているかどうかは別として、こうやって仕事を覚えているはずです。

人事異動で「気づき」のチャンスを与える

私は原則として、失敗した人間をすぐに異動させないように気をつけています。というのも、失敗した直後に異動させると、本人が反省するチャンスがなくなるからです。

また、失敗した社員がほかの部署に異動してしまうと、その部署には失敗した経験が蓄積されません。交代に配属されてきた社員が、また同じ失敗をすることにもなりかねないのです。しかし、失敗した社員が同じ部署にとどまり、奮起して成功すれば、その経験は新入社員にも語り継がれることになります。

ただ、なかなか「気づき」ができない人には、異動によって環境を変えることでチャンスを与えることも考えなければなりません。仕事ではなく、いつまでも作業を続けている社員も、もしかすると、新しい部署で「気づき」の芽が出てくるかもしれないからです。

たとえば、オーダーエントリー制度に応募しながら、具体論ではなく、「やります」という姿勢だけを前面に打ち出してくるタイプは、「次回、また来いよ」と声をかけても、再びエントリーをする割合は低いようです。

オーダーエントリーの選考の様子は誰でも見ることができるようになっています。プレゼンはオープンの場で行われます。それだけに、「選ばれなかった」場合、落胆が大きいのかもしれません。

でも、私から見ると、こういう人は、まだ「気づき」がないように思えてしかたありません。選ばれた人のプレゼンを見て、まずそれを真似してみて、さらに上まわるような内容を考えようと思うことが、「気づき」なのです。落胆したままで終わったのでは、エントリーした意味がなくなってしまいます。

こういう人は、あえて部署を異動させることもあります。「失敗のすすめ」を実践してもらうには、新たな部署で「気づき」に挑戦する機会を与えなければならないからです。

失敗を挽回するヒントをお客さまから学ぶ

第1章で、本部の指示どおりに動かないことで成功した若手社員の例を紹介しました。このエピソードを、本部の幹部側から見てみましょう。というのも、失敗の原因が「気づき」の不足にあったからです。

本部のMD担当は、自分たちで考えた方法を各店舗に伝えます。もちろん、その方法がベストであると思っています。ところが、それを知らされた一部の店舗の若手は、疑問を抱きます。すこし納得がいかないMDを押しつけられたという印象をもったのです。

本部のMD担当は、これまで多くの経験を積んできた幹部です。失敗も経験しているし、そこから成長した経験を買われて本部で仕事をしています。彼らには、押しつけたつもりなどまったくありません。

では、どうして〝押しつけ〟と思われるようなことが起こったのでしょうか。それは、本部の幹部がいつのまにか、お客さまの立場から離れてしまったことが原因だと思います。

机の上だけで企画や提案を考えていると、過去の経験からしか方法やアイデアが浮かばなくなる可能性があります。そのうえ、いつのまにかメーカー側の説明に乗せられてしまうこともあります。自分たちが失敗していることに、「気づき」がなくなっていきます。

これを防ぐには、つねに店舗に出向き、お客さまの実像を自分の目で見ることが大切です。そこからMDを考え、メーカー側と商談をしなければなりません。若手社員は、本部の幹部より、お客さまに近いところで仕事をしています。そのぶん、いろいろなことを思いついたり、考えさせられたりする機会に恵まれているのです。

ここではMD担当という例をあげましたが、役職や担当にかかわらず、失敗を挽回するヒントはお客さまの声や動きの中にあります。お客さまをよく観察して、なぜ自分が失敗したのかに気づくようになれば、さらに新たな一歩を踏み出せるでしょう。

気が小さい人は伸びる可能性を秘めている

この章の前半で、ノジマでは、出る杭や目立ちたがり屋も大歓迎だということを書きました。そんな自信家がいるいっぽうで、自信がないとは言いませんが、気が小さい人もいます。用心深くて、失敗することを気にするタイプです。

とかく、気が小さい人は臆病と思われ、なかなか新しいことに挑戦しないというレッテルを貼られがちです。また、本人もそう思い込んでいることが多いようです。

しかし、失敗を恐れる性格は、一見、消極的にも見えますが、先ほどの自信家タイプやカラ元気の目立ちたがり屋よりは、幹部の指導によって、思わぬ戦力になる可能性を秘めている、と私は考えています。

気が小さい人は、今回はよい結果が出なくても、どこがいけなかったか気づくことに時間を要しません。自信がないからか、失敗するのが当たり前と思っているからです。

こういうタイプの人は、チャンスを与えてやらせてみると、いろいろなところに目配りをして、じつに繊細《せんさい》な計画を立ててきます。「石橋を叩くというのは、こういうことか」と思わせるくらい慎重です。とにかく、失敗することを恐れていますから、血眼《ちまなこ》になって失敗の原因を取り除こうとします。

そのいっぽうで、失敗を重く受けとめすぎると、気の小さい性格が一気に前面に出て落ち込みも激しく、さらに萎縮してしまいます。そんなときは、失敗してもまったく気にしなくてよいことを、心の底から納得してもらわなければなりません。

むしろ、どんどん失敗することを期待していることを伝えるべきです。気が小さくて慎重な性格を長所ととらえ、失敗の原因はどこにあったのかを考えることに専念してもらいます。

このような「失敗環境」が形成されると、気が小さい人でも安心して失敗から抜け出し、次の目標に向けて努力するようになります。

そして、そうしたプロセスを日報に書いてくることもあります。たとえば、プレゼンテーションを上手にできなかったことが気になったときは、ていねいな反省と今後の考え方を報告してきます。

こういう社員は、間違いなく伸びます。時間と周囲の温かい視線があれば、次回に向けて真摯《しんし》な反省をして、失敗を乗り越えた仕事のしかたを考えてくれます。こうして、成功させて自信をつけさせれば、気の小さい人は、大きな成果をどんどんあげる階段を昇り始めます。

勘を失敗経験で研ぎ澄まし、決断する度胸をもつ

二〇〇一（平成一三）年の経営方針会で、私は「ＫＫＤ」という言葉を使いました。これは、「勘」「経験」「度胸」の頭文字をとったものです。とても抽象的になりますが、仕事ではこの三つが必要になることがあります。とくに、幹部には心得てもらいたいことです。

わかりやすく説明するために、二番目の「経験」から取り上げましょう。経験は、下手をすると、カビの生えた知恵になる危険性があります。とくに、成功経験はよくありません。三番目の「度胸」を妨げます。これまでうまくいったのだから、無理して失敗するようなことはしたくない、という心理に結びつきます。「このままでいい」という現状維持の心をもたらすのが、成功経験なのです。

そこで、「勘」です。「気づき」を説明するときにも取り上げましたが、なかなか実態がつかみにくい感覚です。

言えることは、勘は失敗経験によって研ぎ澄まされることが多いということです。この道を行くと失敗したなとか、どうもリスクの臭いがする……ほんとうに勘です。失敗経験によって身についた第六感と言えます。

仕事をするときに、これはおもしろそうだ、新しいビジネスになりそうだと思うのは「勘」。それを「経験」に照らし合わせて判断します。あとは、たとえ失敗しても、次に必ず取り返してみせるから、今回、挑戦してみようという「度胸」です。まず、幹部がこの「ＫＫＤ」を理解し、部下の提案や話に耳を傾けなければなりません。

勘を磨くことは、仮説を立てる訓練にもなります。新しいプランは、いくつかの可能性を想定することから始めなければなりません。仮説を立てることができないと、検証することもできず、いつまでたっても現状維持を繰り返すだけの組織になってしまいます。つねに時代の変化を先取りし、こう変化した場合はどうなるかという検証をあらゆるプロセスで繰り返し行うことで、仕事は前に進みます。

勘を育てるために、私は推理小説を読むことをすすめています。たんに犯人を早く知りたいと思いながらページをめくるのではなく、自分で犯人を見つけるつもりで読み進めるのです。

私は高木彬光《あきみつ》氏の推理小説が大好きで、全作を読みました。「この人物が犯人だ」と思いながら読むと、まったく意外な人物が犯人であることが結構あります。だからこそ、おもしろくて人気もあったのでしょう。

「どうも犯人は別人かもしれない」

「あの人物が犯人だったら、顚末《てんまつ》はどうなるか……」

仮説を立て、検証していくプロセスと似ていると思いませんか。

楽しみながら仮説・検証の力をつける方法の一つとして、推理小説を読むことほど最適なものはありません。

新入社員の言い分を優先することもある

先に紹介したオーダーエントリー制度は、上司の許可を必要としません。チャレンジしたいと希望する社員が直接、応募してよいことになっています。

「がんばります」だけが前面に出る社員の例をあげましたが、それでもやはりオーダーエントリーに応募してくる社員は、仕事に対して前向きな意欲をもっている人が多いと言えます。

ただ、ときに、応募した人の上司が怒ることがあります。「せっかくここまで面倒を見てやったのに、ひと言の断りもなく応募して、採用されればいなくなってしまうのか」というようなことを口にすることもあります。

そんなとき、私は上司に言ってやります。

「部下が一人いなくなっただけで、君はもうマネジメントができないのか」と。

幹部はだいたいそう言われることがわかってきたようで、オーダーエントリーの結果に関する不満はしだいに出なくなりました。

あるいは、新入社員が、配属された部署の上司とうまくいかない場合もあります。「すぐに退社したい」と言い出す人もたまにはいます。

そういう場合、たいていの企業では、人事部の教育係が、

「会社に入ったばかりではないか。石の上にも三年と言うだろう。もうすこし我慢しろ」

というような言葉で、新入社員を説得するケースが多いと聞きます。

このような場合、私は、新入社員にそう言われた上司を異動させることがあります。すべてを否定するわけではありませんが、まだ失敗も経験していない新入社員がやる気をなくすような言動、指導法があったのだろうと思うからです。そのことをはっきりと指摘して、本人には違うところで仕事をしてもらいます。

環境が変われば、自分の指導法やコミュニケーションのとり方を振りかえって、考え直

すことができます。それに気がついて、新たな姿勢で仕事に取り組んでくれればいいのです。

いっぽう、上司の批判を申し立てた新入社員は、その上司が異動になったわけですから、もう言い訳はできません。たんに、「ああ、よかった」ではすまなくなります。気持ちも新たに、「早く一人前にならなければならない」とますます責任を感じます。

人間関係は複雑です。理屈ではなく、好き嫌いで関係がギクシャクしてしまうこともあります。時間がたっても解決しないケースのほうが多いように思います。たとえ、新入社員のわがままのように思われるような意見でも、一度は耳を傾け、希望どおりにしてあげるのも一つの方法だと私は考えています。

伸びる人がもっている三つの資質

この章のまとめとして、将来、間違いなく伸びる社員の資質を、私なりに三点に絞ってみました。

①変化に対応できる

たとえば、わが社はもともとオーディオを扱う店舗が主力で、最大時には三六の店舗がありました。そうすると、自然とオーディオが好きな人が社員として入ってきます。

しかし、時代がどんどん変わって、店舗数が半減し、単品のコンポを扱わないようになると、そういう人たちはどんどんやめていきました。自分の趣味で職業を選択しただけです。これでは、会社の方針にも合いませんし、もちろんリーダーになることもできません。こうした〝恐竜〟は不要です。

②素直（正直と言い換えてもかまいません）

自分の心を素直に出すことができ、周囲の話も素直に聞いて協力していこうと考えることができるタイプです。失敗を隠したり、ウソをついて隠蔽したりする人間が伸びることはありません。

③愛（人間愛）

人と人とのつながりを大事にすることです。義理や人情に応えるタイプです。古い考え方と思われるかもしれませんが、お客さまや取引先、そして会社に対する義理をきちんと果たそうとする人ほど信用されます。それらをひと言で表すと、「愛」という言葉になります。

この三点を備えた人は、どんな失敗があっても、いつかは成功の数のほうが上まわる幹部に成長していきます。この三点は、それぞれ別個のものではありません。根本的な部分でつながっていると思います。つねに、この三点を思い起こしながら行動することが大事だと思います。

Point

◉失敗を他責にする人は伸びない。

◉お客さまに喜んでもらうための失敗なら、数字なんてどうでもいい。

◉時代の変化に気づかないこと、その結果、変わらないことが大きな失敗。

◉〝出る杭〟の力を認めて伸ばさないのは、企業にとって大いなる損失である。

◉〝作業〟と〝仕事〟は本質的に違う。

◉「気づき」を身につけた人は、失敗する可能性が見えてきたことを察知できる。

◉気が小さい人は消極的に見えるが、思わぬ戦力になる可能性を秘めている。

第4章

私も失敗の連続だった

私も失敗をオープンにする

決断はすばやく、と私自身わかっているつもりですが、判断を誤ったことも少なくありません。ことに、社員にすべてを任せる仕事となると、私がちゃんと判断できなければ、成果に結びつかないこともあります。

最近も、絶対にわが社がとらなければならなかったはずの物件を、私の判断が曖昧《あいまい》だったばかりに、他社に先を越されてしまったことがありました。それは、少なくとも、年商五〇億をめざすことができる規模の物件で、うまくすれば、わが社の悲願である一〇〇億円の店ができたかもしれないというビッグチャンスでした。

わが社の出店は、「立地条件がよい場所に出店する」というのが原則ですが、さらに、「ノジマが好きだから、ぜひうちの土地を使ってほしい」と言ってくださるオーナーさんから借りるパターンも少なからずあります。そういう場合は、なんとかオーナーさんに恩を返したいと思って、よいお店をつくろうとさらに力が入ります。

さて、私がミスジャッジをした件ですが、この立地だけは、戦略上どうしても必要でした。それを十分に理解していたのですから、いまになって思えば、ある程度の投資を覚悟でとりにいかなければならなかったのです。

ところが、私は、店舗開発の担当者に「絶対にとれ」と言いながら、「カネはあまり使うなよ」と余計なひと言をつけ加えてしまいました。結果として、そこへの出店は他社に抜かれたのです。「すこしはカネを使え」と言えばよかったと思ったものの、もう手遅れです。

大きなチャンスを失っただけではありません。その商圏にはノジマの店舗があるので、当然、他社の新店から大きな影響を受けます。社員は、その対策に追われることになってしまいました。二重の意味で、痛い失敗でした。

店舗開発の担当者はよくやっていました。私がきちんと判断できなかったことが大きな原因となった失敗だけに、申しわけないやら悔しいやらで、さすがにこのときは一晩じゅう眠れませんでした。

これはほんとうに私の大失敗です。さんざん苦しんだものの、いつまでも悩んでいてもしかたがありません。次の役員会の席で、みずから、「また失敗しました」とオープンにしようと心に決めた瞬間、気持ちがすーっと楽になりました。

役員会で聞かれたら、失敗の原因の分析をして、「この次はこんなことはしない」と言えばいい――そう思ったら、ようやくぐっすりと眠ることができました。

失敗は誰にでも、いつでもついてまわるものです。悩み、苦しむのはみな同じです。恥ずかしい、悔しいという気持ちがともなうのはしかたがありません。でもそんなときは、あっさり、その事実を認めることです。自分から口に出してしまうのです。

そうするとスッキリします。今度は失敗しないようにしようという気持ちも芽生えます。いつまでも心の中にモヤモヤしたものをため込むのは、心身ともによくありません。

誰もやろうとしないから挑戦する

二〇一一(平成二三)年五月、ノジマは埼玉県の郊外にある百貨店に、ツーフロアにわたる店舗をオープンしました。ワンフロアの広さは八〇〇坪。合計で一六〇〇坪です。これまでワンフロア一五〇〇坪の店はありましたが、ツーフロアに分かれて、これだけの広さの店ははじめてです。

都心のようにお客さまの多い百貨店ではありません。出店計画が持ち上がったとき、現地へ視察に行った担当幹部からは、「社長、やめましょう」という声が出ました。お客さまの数だけではなく、年齢層の問題もありました。高年齢層のお客さまが多いため、商品選び、とくにデジタル関連の商品を買っていただくには、ほかの店より十分な人員と時間が必要になります。

たしかに、ここで成功するのはなかなかきびしそうです。ところが、現場の責任者ではない幹部が、「おもしろい」と言いました。私はこの言葉を、

「失敗してもいいから、やってみたほうがいい」

そう受けとめ、「ここで勝負してみたい」と思うようになりました。

条件のよい立地は、成功する確率が高いかもしれませんが、そのぶん、家賃も高くなります。たとえ売上げの数字がよかったとしても、それは企業の努力やアイデアによるのではなく、たんに立地がいいから売れるにすぎません。

これに対して、条件が悪いとされる場所はコストが安く、競合が少ないと言えます。ここでなんとか集客率を高めることはできないか、ノジマが出店することによってほかのフロアにもよい影響を与えることはできないか――私は、それを考えるのがほんとうの仕事ではないかと考えたのです。

たしかに、現状では、見るからにお客さまは少ない。しかし、商圏は十分だし環境も悪くないのですから、まったく勝算がないわけではありません。うまくいっていないのには

何か原因があるはずです。ここでいろいろなアイデアを考えればいいだけです。

また、高齢層のお客さまにデジタル商品を買っていただくことは社員にとっても勉強になりますし、わが社なら競合他社にはできない対応ができる自信もありました。その点では、出店場所として向いているとも考えられたのです。

もし、この出店で成功できる力をつけたらどうでしょうか。それはノジマにとって大きな武器になります。誰がやっても成功を約束されたようなことをするのではなく、こういうチャレンジを目の前にしたときに、私はがぜんファイトが湧いてきます。

これでいいと思っても問題は出てくる

わが社では、どの店舗でも、エリアマネジャーと担当者がレイアウトを決めています。どこへ行っても同じような店舗になるより、各担当者が、どこにどんな商品を置けばその地域のお客さまに喜んでもらえるかを検討したほうが、個性的で理にかなったレイアウトになるはずだからです。

さて、ツーフロアの店舗がオープンする四日前に現場を覗いた私は、正直言って、「これはひどいレイアウトだ」と思いました。

百貨店内での出店ということで、〝女性のための売場〟を基本と考えてレイアウトを行ったと聞いていました。ところが、女性が商品を決めることの多い冷蔵庫とエアコンが売場の両端に配されているのです。距離にして一〇〇メートル近く歩くような印象を受けます。しかも、真ん中にはエレベーターホールがありました。

「お客さまにこの一〇〇メートルを歩いていただくとして、その間、社員はフォローできるの？　お客さまは、いろいろな商品を見てみようという気がなくなってしまうんじゃないだろうか」

私は、素直な感想を口にしました。すると、担当者は、その日のうちに新しい図面をつくって、私のところにもってきました。

誤解してほしくないのですが、私が感想を述べたとき、決して問いつめる口調ではありませんでしたし、レイアウトのやり直しを命じたわけでもありません。むしろ、担当者には、「直さなくていい」と伝えました。このまま開店すると、きっと目がまわるほどの忙しさになると思ったので、「早く寝たほうがいいよ」と声をかけたくらいです。

オープンまで残された時間が少なかったこともありますが、このまま開店し、お客さまの反応を見ながら、どうすればいいのかを自分たちで考え直すチャンスを与えたかったのです。そのときのヒントになればと思って口にしたのが、先ほどの感想でした。

そして迎えたオープン当日。どうやら文字どおり、突貫工事をしたようです。担当者は、引き直したレイアウトどおりに店を変えていました。

ところが、安心したのも束の間、新たな問題が発生しました。平日にもかかわらず、レジにお客さまが並んでいます。百貨店内の店舗なので、当社の売上げと百貨店の売上げをともに記録しなければならないのですが、その機械が一台しか入っておらず、二人の社員を配置していたものの、うまく機能していなかったのです。これでは、休日が思いやられるという状況でした。明らかな失敗です。

これでよし、と思っても、予期せぬところから新たな問題が出てくるものです。私にとっても勉強になります。新たな店舗づくりは始まったばかりです。

撤退の決断はすばやく、義理堅く

ノジマの場合、「ここはやめましょう」という立地に店舗を出すことも多いので、うまくいかなくて、結局、撤退することもあります。でも、見方を変えれば、撤退も悪いことばかりではありません。難しい立地に出店して、うまくいくように考えて行動することは、とても大きな財産になるからです。

少なくとも、誰がやっても成功を約束されたような立地に出店するより、社員は何倍も苦しんで考え抜いたはずです。その努力は、次の出店に大いに役立つことになります。成功するための力がどんどんついている、ということです。

ですから、撤退は決して後退ではないと思っています。たとえば、直線距離で四〇〇メートルのところに既存の厚木店がある場所に、厚木インター店をオープンするという試みにチャレンジしたことがありました。国道一二九号線と二四六号線という幹線道路沿いの出店でした。

たしかに距離は近いですが、商圏は違うかもしれない、と思ったのです。もしこれが成功すれば、新しい店舗開発のノウハウが生まれるかもしれない、そう考えての決断でした。確かな勝算があったわけでありませんが、うまくいくかどうかなど、やってみなければわかりません。

しかし、ふたを開けてみたら、残念ながら大失敗でした。やはり、違う主要幹線道路沿いにあるからといっても商圏は大きく変わるものではないことがわかり、厚木インター店は開店から三カ月で撤退を決め、半年で閉店しました。

もともと、「失敗するかもしれない」という分析もあったので、ダメだったらすぐに閉めようと準備していたため、すばやい対応ができました。「失敗のすすめ」という考え方から、いざというときの準備をしていたとも言えます。いまではこれを、「日本一早い撤退」と自慢しているほどです。

とはいえ、大家さんにすればすばやい撤退は予想外であり、何年間かノジマからの家賃収入が入ると思っていたのに、早急に新たな借り手を探さなければならないのは面倒で困ったことです。

賃貸契約にかぎりませんが、多くの契約書には契約の解除について定めた条項があって、たとえば、「六カ月前に書面で通告すれば契約の解除ができる」というような一文が入っています。ただ、場合によっては、数年経過しないと解除できない契約もあります。

もちろん、撤退するときは速やかに大家さんにその旨を報告しますが、契約書に定められているからといって、一定の期間が過ぎたら家賃を払わないということはしないようにしています。借りるときには頭を下げ、出ていくときは自分の都合で、というのは義理を欠くことになるからです。

私は、義理はおカネより大事だと考えています。おカネは一度損をしても、チャンスをつかめば取り返すことができます。しかし、一度、義理を欠くと、信用を失い、それを取り返すのは至難の業《わざ》です。二度ともとの関係にもどることができないケースもあります。

そこで、たとえ撤退を決めたとしても、次の借り手が見つかるまでは、残りの契約期間が終了するまで家賃を払うことにしています。そして、もし、わが社が支払っていた家賃より低い額でしか新たな借り手が見つからなかった場合は、当初の契約期間、その差額を大家さんに支払っています。

先の日本一早い撤退のときも、借り手が見つかるまで家賃を払いました。このときは、比較的早く新たなテナントが入ったので、トータルコストも思ったほどかかりませんでした。

このようなルールをつくっておくと、出店のさいに、「もし失敗したら、大家さんに迷惑をかけてしまう」という心配をしなくてすみます。そのぶん、担当者は失敗を恐れず、決断できるようになります。

「電器屋嫌い」からのスタート

ここまで見てきたように、いまでこそ「失敗のすすめ」を経営哲学としている私ですが、前からそう言っていたわけではありません。入社当時はもちろん、社長になってからも、まずは会社の存続、次に社員とその家族のことを考えて、売上高をあげ、利益を得るために、「どうすれば失敗せずにすむか」をつねに考えていました。

しかし、その私が、プロローグで述べたように、みずから「失敗のすすめ」を実践し、役員や幹部、社員に説くようになっていったのです。それまで私がどんな道を歩んできたのか、ご紹介しておきたいと思います。

私は四〇年近く前に大学を卒業してすぐ、家業である野島電気商会に入社しました。この会社は、一九五九（昭和三四）年に両親が神奈川県で創業した電器店です。時代は戦後の荒廃から立ち直り、二桁の経済成長を示すほどの好景気に包まれていました。

当時、テレビ、冷蔵庫、洗濯機が「三種の神器」と言われ、電器店は魅力のある商売でした。父親が会社勤めをしながら二足のわらじを履き、母親が店を手伝うというかたちでのスタートでした。

私が子どものころから、わが家は比較的、裕福でした。父親は富山県出身で、現在の芝浦工業大学を卒業後、東京電力に勤務し、私が幼いころは変電所の所長を務めていました。当時撮影された会社の人たちとの写真を見ると、父親だけが背広を着ていて、ほかの人たちは作業服姿でした。部下の社員がよくわが家にきて、正月にはお年玉をもらってうれしかったことを覚えています。父親の親戚に製材業をしている人がいて、わが家を新築するときは、わざわざ富山から建築材料の木材を運んできました。

母親の本家は、地元の相模原では誰もが知っている名士で通っていた家系で、江戸時代には一万石を拝領していた庄屋だったそうです。本家はそのころに建てた立派なお屋敷で、一五〇坪はあったと思います。屋根は全部、銅板ぶきでピカピカでした。

いつだったか蔵に入れてもらったとき、叔父に「これがピカソの絵だ」と自慢げに見せられて、子どもながらに「へぇ」と感心したことがあります。当時の金額で一億円ほどの価値があったようですが、その後、その絵を手放さざるをえないような苦境に陥ったと聞いています。

母親は自宅で洋裁の教室を開いていて、お手伝いさんが二人もいたことがありました。訪ねてくる親戚も多く、同級生の中ではいちばん大きな家に住んでいて、私は「ひろちゃん」と呼ばれて育ちました。いま思えば、こうした幼少期の恵まれた環境のおかげで、物怖じしない性格になったのかもしれません。

小、中学校の成績はクラスでよいほうでしたが、かなりヤンチャで、先生からよく睨《にら》まれました。たとえば、社会科の授業で先生の間違いを何度も指摘したことがあります。私は年鑑などを読むのが大好きだったので、古いデータで授業をする先生の話の腰を何度も折ったものです。だんだん授業がつまらなくなり、後ろの席の女の子とおしゃべりもしていました。

それだからか、テストはクラスで一番なのに、通信簿は五段階で3でした。先生に文句をつけたところ、「お前は授業の妨げになる」と言われたので、「それでは寝ています」と宣言し、テストもわざと〇点をとりました。ところが、次の通信簿は4。「授業の邪魔にならない」というのが先生の説明でした。

万事そんな調子でしたから、そろばんや書道の塾に行っても長続きはしませんでした。そのころから、人と同じことをするのが嫌いだったのかもしれません。ただ、チャレンジ精神は父親譲りだと思います。

父親はサラリーマン時代に、何を思ったのか突然、「市議選に出る」と言い出したことがありました。私がまだ小学校に入ったばかりのころのことです。そして、ほんとうに立候補して、わずかな差で惜しくも落選。このときの経験が、私を政治嫌いにさせました。

その後、父親は、東電に勤務しながら商売を始めます。当時の電器店の商売は、訪問販売が基本でした。酒屋の御用聞き同様、家々をまわって「何か御用向きはありませんか」といって電球一個、電池一個から売り歩きます。そうして信用をつないでおいて、「今度、テレビはいかがですか」「冷蔵庫はどうですか」と大型の商品をすすめるのです。

それでも、商売は順調でした。父親は〝脱サラ〟をして会社を設立し、電器店に専念することになりました。家族経営とはいえ、店の業績は順調で、開店から約八年のあいだに三回も店を建て替え、ついには地上三階地下一階のビルが一九六七（昭和四二）年に竣工しました。社員も一〇名以上を数え、パート、アルバイトも含めた従業員は二〇人以上。

年商は一億五〇〇〇万円になっていました。

ところが、こうした成長が、やがて事業に影を落とすことになります。経営をめぐって両親が対立し、抜き差しならない事態に陥ったのです。

私は中学生のころから、店を手伝うことはありましたが、だからといって、電器店を継ごうとは考えていませんでした。小学六年生のときの作文には、「将来、サラリーマンになりたい」と書いた記憶があります。

親には言わなかったものの、正直、「電器屋嫌い」でした。テレビを運び、アンテナの取り付けもやっていましたが、アルバイト代ももらえませんでしたし、両親が不仲だったのもすべて「電気」のせいだと考えていたからです。

ですから、私は、大学を卒業したら同級生のように企業に就職するつもりでいました。しかし、その希望はあきらめざるをえなくなりました。父親が別居することになり、まだ小さな弟がいる現実を前にして、とても母親一人に苦労を背負わせる決断はできなかったのです。

そのときの年商は一億円も落ち込んで五〇〇〇万円となり、赤字が二〇〇〇万円。さらにビルを建てたさいの借入金が、まだ二五〇〇万円も残っていました。そんな状態ですから、社員も二人だけになっていました。商品をメーカーに引き上げられるという体験もしました。

私の入社前に、会社はまさに瀕《ひん》死の状態になってしまったのです。

入社したとたん、会社が危機に

さらに、入社した一九七三（昭和四八）年の一〇月のことです。第四次中東戦争が始まり、石油危機が起こりました。だいたい五〇歳くらいから上の方なら、トイレットペーパーや洗剤を手に入れるためにスーパーなどの店舗が大混乱になったことを覚えておられると思います。物価は急上昇して、狂乱物価とまで言われました。

世界経済、日本経済に起こった急激な変化は、野島電気商会も直撃しました。その危機を救ってくれたのが、オーディオ売場です。

一九六七（昭和四二）年に父親が相模原市に建てたビルの二階がオーディオ売場になっていました。「音と光のビル」などと称しているものの、実際は商品が並んでいるだけで、墓場のような売場です。誰が見ても、売上げが伸びることなどとても期待できるはずがない状態でした。

この売場をなんとかできないか——。私自身、オーディオが好きだったので、単品のコンポ売場にすることを思いつきました。それを母親に伝えたところ、ポンと三〇〇万円を出してくれたのです。いまから約四〇年前、当時のおカネで三〇〇万円と言えば大金です。「これは失敗できない」と、心の底から思いました。いまでこそ、「三〇〇万円くらい」と言えますが、当時は、ここで失敗すれば一気に倒産の瀬戸際まで追いやられるかもしれない状況でした。

自分が言い出した話なので、逃げ場はありません。赤字のうえに借金だらけの会社。その状況で母親が出してくれた資金……。感謝の念とともに、冷汗がどっと出てきました。まさに背水の陣です。生まれてはじめて味わった、「生きるか、死ぬか」というプレッシャーでした。

私は、どこにでもあるような売場では、とてもお客さまに来てもらうことはできないと思いました。そこで、当時、売れ筋と言われていたのはシステムコンポでしたが、ほんとうのオーディオマニアが見れば一目瞭然《いちもくりょうぜん》、という高級品をそろえたコーナーをつくることにしました。一五坪ほどでのスタートです。

いまでこそ相模原は人口七〇万人以上の政令指定都市ですが、当時はまだ神奈川県の田舎の都市という目で見られていました。そこに、日本でも数少ないようなオーディオ売場をつくろうというのです。横浜ならまだしも、相模原で高級オーディオなど売れるはずがないという声は、私の耳にも届いていました。

お客さまの立場で考えることを肌で知る

私があえて高級オーディオのコーナーをつくろうとしたのには理由がありました。当時、システムコンポはどこの電器店でも購入できましたが、高級オーディオとなると、電器専門店が立ち並ぶ秋葉原へ行かなければ手に入らなかったからです。神奈川県に住んでいる人にとって、これは大変不便なことでした。

わざわざ時間と交通費をかけて秋葉原へ行かなくても、相模原で満足できるオーディオを手に入れたい——私と同じように思う人が必ずいるはずだというのが、売場を改装するときのコンセプトでした。

すでに述べたように、社会は不景気ですし、会社は借金を抱えて青息吐息《あおいきといき》です。社員も次々といなくなっていましたから、何事も自分でやるしかありません。何人かのアルバイトはいましたが、まず自分でやってみせて、それを真似てもらうしか方法はありませんでした。

仕入れや売場の改装の手配、ＭＤ（マーチャンダイジング）や宣伝の準備に始まって、お客さまとじかに接して自分で販売し、設置もアフターフォローも全部自分一人でやるしかありません。非常にきつい仕事であるいっぽう、仕事のプロセスをすべて自分で見通すことができるという利点がありました。

日々、刻々と成果と反省材料が目の前にそろうのですから、何がよくて何が悪かったか、自分ですぐに見極めがつきます。悪かった部分を修正するための対応策をすぐに実行することもできました。

人間、追いつめられたときにこそ、もっている以上の力を発揮するものです。まだ経営の何たるかもわからず、成功体験もなかった私が、結果的に、これを機に仕事のおもしろさに目覚めていきました。

オーディオ売場の改装は、幸運にも大成功でした。私と同じ思いを抱いていたお客さまがたくさん来店されて、とても喜んでくれました。商品にも納得してくれました。私の思いが通じたのです。あのときの喜びは、いまも忘れられません。

私が外出しているときにお見えになったお客さまの中には、アルバイトではくわしい情報がわからないからと、私がもどってくるまでわざわざ待っていてくださる方もいました。

苦しいときだっただけに、「お客さまの立場で考えることがビジネスの基本」という大原則が、心の奥底まで沁み込みました。直接、お客さまと接して、まさに体で覚え、肌で知った原則です。

このときのプレッシャーと、それを乗り越えるために悩み、考え抜いたことが、当時の私を大きく成長させてくれたように思います。

危機感から「マイナス原因」を探っていた

あとから振りかえると、当時、私が考えたことは、現状の「マイナス原因」を把握することと、そのうえで、「こうすればどうなる」というい くつものシミュレーションを行ってみることでした。

墓場のような売場を改装して成功するためには何が足りないのか、マイナス原因を探り、その実態は何なのかを分析する。次に、マイナス原因を取り除き、そのうえで、成功するためにはどのような手を打てばいいかを想定する。これを繰り返すことで目標を明確にし、その実現に向かって、当時の数少ないメンバーに具体策を提示していくわけです。

これができると、成功の確率はぐっと上がります。このことを実際の仕事を通じて感じられたのが、オーディオコーナー計画の最大の収穫でした。

この時点で、私の頭には失敗を避けることしかありませんでした。危機感に追いたてられるように失敗を想定し、その修正案をいくつも考えていました。自分でも知らず知らずのうちに、失敗したつもりになって、どうすれば成功への道に進むことができるかという気持ちで新しい仕事に取り組んでいたのです。来る日も来る日も成功する確率を見極める作業を繰り返し、成功する確率を高めていこうと努力していました。

大学を出たばかりの私です。借金と両親のトラブルを抱えながら、とにかくマネジメントとは何かなど深く考える余裕もなく、無我夢中でオーディオコーナーの再生に取り組んだというのが実情でした。

このときの経験が、その後、現状の「マイナス原因」を改める提案が決裁書類だと考える原点になりました。

危機感を共有できる強み

一九八二（昭和五七）年、相武台（神奈川県）に全国ではじめてのAVC（オーディオ・ビジュアル・コンピュータ）を主体としたカテゴリーショップを出店することになりました。会社として、三店目の店舗です。このときは、ほんとうに眠れない日々が続きました。

とにかく、「失敗したらどうしよう」と思い悩んでいました。眠れないから、メンバーに「ちょっとつきあってくれ」と声をかけ、何でも話しました。数名しかいない社員と毎晩のように酒を飲みにいっては、「これが失敗したら、ほんとうに大変なことになる」とこぼしていました。不安でしかたがなかったのです。失敗から何かを学ぶ発想をもつ余裕など、まったくありませんでした。

当然、社員も私の気持ちや会社の実情を知っています。私から酒に誘われては、「ウチの会社はまだ売上げが五億円なんだ。利益は出ていない。銀行から一億五〇〇〇万円も借りて、この店をやるんだ。ここでうまくいかなければ、もう銀行から借りることはできない。どうしよう」などと聞かされたのです。

こんなことを何日も繰り返しているうちに、自然とみんなが必死で知恵を絞り出すようになっていきました。私だけがもっていた危機感が共有されたのです。これは新店の準備を進める大きな推進力となりました。

いざ店舗がオープンすると、誰もが一生懸命努力してくれました。私のやり方を見ながら、売場に立って誠心誠意、販売活動を展開してくれました。誰かがお客さまに買っていただいたら、今度は自分が売ってみせる、そんな、よい意味での競争関係も生まれました。そして、閉店後にはまたいっしょに酒を飲む。この酒が目茶苦茶うまいのです。こんな日々の繰り返しでした。

こういう経験はなかなかできないものです。現場にいる緊張感と、小さな失敗を大きくすることなく、すぐにみんなで対応する一体感。いまだから言えるのかもしれませんが、ここでも、「失敗したらどうしよう」という気持ちが、失敗する可能性を一つずつ潰し、失敗が小さいうちにみんなで改善策を講ずることにつながったのだと思います。

この相武台店も評判がよくて、わざわざ遠くからお客さまが来てくれました。専門分野に特化したことが成功を呼んだのです。初年度から損益分岐点を大きく上まわり、二年目、三年目と続けて売上げは前年比五〇パーセントも伸び、三年目で投資額をすべて回収することができました。

社員は教えるものと思っていた

この出店の成功で勢いがつき、会社は拡大路線に乗ることができました。

相武台店オープンの年に、「株式会社野島電気商会」に組織を変更。私の肩書は課長のままでしたが、入社したときから自分が社長だと思って仕事をしていたので、まったく気になりませんでした。松下電器に年間八〇〇〇億円を売り上げている課長がいると聞き、「オレは日本一の課長をめざす」と周辺に公言していたくらいです。

事業は、私が入社して十数年で一〇〇億円を突破し、すぐに二〇〇億円にも届く勢いでした。それでもまだ、「失敗のすすめ」という信念をもつにはいたりませんでした。「仕事のやり方を教えれば、人はできるようになる」と思っていたのです。

自分が先頭に立って仕事を手とり足とり教える。それを学んだ社員が、私と同じことを部下にやってみせる。失敗した社員に対しては、叱ったうえで励ます。これを繰り返していけば、事業はしだいに大きくなる。ほんとうにそう思っていました。

とはいえ、育てようと思うあまり言い方がきつくなり、とくに目をかけた社員がやめてしまったことが何回かありました。マネジメントとしては、部下に自分の真似をさせるという域を出ていませんでした。

相武台に出店した翌年（一九八三年）、家電業界ではじめてＰＯＳ（販売時点情報管理）を導入しました。家電流通業界はもちろん、大手コンビニエンスストアやレストランチェーンよりも、五年から一〇年は早かったと思います。

じつは、この伏線として、父親の失敗がありました。私が入社する前に、経営に対する夫婦間の意見の対立から父親が会社を去ったことはすでにふれました。

その原因の一つになったのが、父親が信用して任せていた社員が、相次いで会社のおカネに手をつけてしまったことです。それでも社員を信用したい父親と、経営的な観点から管理をきびしくすることを主張する母親の意見が対立しました。

そして、会社の幹部になった私も、同じ問題に直面することになりました。社員を信用したい父親の気持ちもわかるし、かといって、おカネを持ち逃げされたら会社の経営は傾いてしまいます。

そこで、どうしたらいいかと思案する中で、発想を変えてみました。どうしたら、おカネの管理をしっかりできるかという視点ではなく、どんなふうにすればおカネを盗みにくいか、ドロボウさんの気持ちになって解決策を考えることにしたのです。逆転の発想です。

そんなある日、「ビジネスショウ」で目にしたのが、シャープが日本ではじめて発売した「HYAC1700」という〝コンピュータ付レジ〟でした。いわゆるPOSレジの前身です。

「なるほど、これなら販売金額が記録されるので、盗難が難しくなる」

そう思って、シャープと共同でPOSシステムをつくり導入しました。これによって、盗難防止はもちろんのこと、どんな商品が売れているかが早く正確にわかるようになり、販売政策や業績に大いに貢献しました。

これも、現状の「マイナス原因」を改善する提案であったと自分では思っています。

突然、組織から〝棚上げ〟される

一九九一（平成三）年は、私の人生で忘れられない年です。この年、わが社で組織変更が行われました。

会社の規模が大きくなるにつれ、周囲から組織のあり方についていろいろと吹き込まれた母親が、会社の実情や効率についてわかっていないのに、見た目のよい組織図をつくろうとしたのでしょう。この組織改編により、新たに部長、課長が誕生し、その幹部には手当もつくということで、ほとんどの社員が母親の考えに賛同しました。

私は、課長から専務になったものの、それは形式だけのことで、実際は会社における権限を奪われ、事実上、〝棚上げ〟されてしまったのです。私は、これはクーデターだと思いました。

すべての部門が常務となった弟の下に位置することになり、私がまったく知らないうちに部課長人事が発令されました。母親は弟のほうがかわいいのかという悲しさと、いままでいっしょに仕事をしてきた社員に対しては、なぜ役職やおカネにつられて、こんな組織体系に賛成したのかという怒りで、私は何もする気がなくなってしまいました。

――中学生のころから家業を手伝い、アンテナの取り付けから、お得意先を一軒一軒まわって注文をとってきたあの時間は何だったのだろう。墓場のようだと言われた相模原店の二階に画期的なオーディオ売場をつくるために、眠れないほどのプレッシャーに耐えた日々は何だったのだろう。

当時のノジマは、二階のオーディオ売場の売上げでなんとかもっていたのです。一階の電化製品売場と二階の売上高比率は、一対五ほどにもなっていました。自分では、私が社長という思いで、小さな電器店をここまでにしたという自負がありました。

私は完全にふて腐れてしまいました。いま思えば、恥ずかしい気持ちもありますが、会議にも出席しませんでした。幹部の顔を見るのもいやになってしまったのです。

そんなとき、ある銀行の方から、

「いまやめてはいけない。あなたは必要な人材なのだから、遊んでいてもいいから会社に残っていなさい」

と言われました。そこで、気持ちを切り替えて、これまで会う機会がなかった人とのつきあいや読書の時間を増やし、ゴルフにも行くようになりました。これが、その後の人生に大きなプラスになったことに気がつくまでには、まだ時間が必要でした。

会社に復帰するときの葛藤

私がふて腐れているあいだに、会社の売上げは急速に下がりました。これまで一五年間、三〇パーセント以上の伸びを示していたことで、社長である母親をはじめ、社員の誰もが、このままの数字の伸びが期待できると考えていたのでしょう。

私は呼ばれても出席していなかったので、よくは知りませんが、会議の回数もかなり減っていたようです。それでもいまの勢いがあれば、もうノジマは大丈夫と思い込んでいたに違いありません。ところが、一年ほどたってみると、売上げはどんどん下がり、前年比八五パーセント、九〇パーセントという数字を出す店舗、部門が次々と出てきました。

あわてて店長会議が開かれ、このままでいいのかと紛糾《ふんきゅう》したようです。そのあとで幹部の一人が私を迎えにきて、「どうして会議に出ないのかを話してほしい」と言いました。このとき、私は、組織変更が突然、社長から発表された一年前のことをまざまざと思い出しました。

これまで自分がかわいがってきた社員に対し、社長案に反対するように何度も説得したあげく、「これまでいろいろ教えてやったのに、カネと地位で身を売るのか」と感情的な言葉も口にしました。それでも彼らは、「この組織で大丈夫です」と言ったのです。

売り言葉に買い言葉。「じゃあ、やってみろよ。おれは遊んでいるから」と言って、私はふて腐れたという経緯がありました。

迎えにこられたとき、心の中ではまだ、裏切られた、反乱を起こされた、という思いが消えていませんでした。正直に言えば、「それ見たことか」という気持ちでいっぱいだったのです。会議に出席して、その思いをぶつけてやろうかとも思いました。

こうした葛藤《かっとう》から抜け出て、比較的冷静な気持ちで会議に出席しようと思うことができるようになったのは、一年間の空白のあいだにいろいろな人の話を聞き、多くの本を読み、これまでの自分を見つめ直す機会が与えられたからだと思います。

幸い、会議に出て話をしてみると、多くの店長が、この体制はおかしいので、全部私に任せようと言ってくれました。

こうして私は、仕事に復帰することになりました。とはいえ、まだ頭の中から裏切られたという思いが完全に消え去ったわけではありません。これを解決するにはどうすればいいか。

私は、このような社内の混乱を二度と起こさないようにするために、これまでの会社運営を見つめ直すことにしました。

仕事を教え込んでいた自分に気づく

山岡荘八氏が書いた本に、『徳川家康』という大作があります。その中に、徳川家康が今川義元のもとへ人質として送り込まれたころから仕え、その後、家老となり、数々の戦で活躍した石川数正という人物が登場します。家康の側近中の側近です。

それだけ家康から信頼されていた石川数正は、一五八四年に徳川家康が羽柴秀吉、つまり後の豊臣秀吉とのあいだで繰り広げた小牧・長久手の戦いのころから、徳川陣営の使者となって、何度か豊臣側との交渉役を務めることになります。

秀吉は天下をねらうために、なんとか家康との対立を解消しようとします。石川数正は秀吉の勢いを知り、家康に対し、いまは秀吉と和睦《わぼく》したほうが得策と進言します。しかし、武勇伝に事欠かない三河の重臣からは、弱腰となじられたり、秀吉と裏で通じていると疑われて命までねらわれそうになったりします。そして、翌年、突然、秀吉のもとに出奔《しゅっぽん》してしまいます。

当然、石川数正は、徳川の家臣から、秀吉の甘い言葉に誘われて身を売った「裏切り者」の烙印を押されます。

ところが、山岡荘八氏の本では、数正の出奔は、戦には強いが、駆け引きに弱い三河武士の本質を見抜いた行動で、家康と重臣の一人、本多重次の三者が暗黙のうちに了解したことだったと解釈されています。数正は、あえて身の危険を顧みることなく秀吉の懐に飛び込み、家康の立場を守る役割を果たそうとしたというのです。

家康は、数正の真情に気づいて、重臣たちとの合議に臨みます。もちろん、その席には、孤立した数正も列席していて、本多重次と激しい言い争いになります。やがて、石川数正が出奔したという知らせを聞いて、家康はそういう役割を演じなければならない立場に忠臣を追い込んだことに悩みます。

この場面を読んで、私は涙が止まりませんでした。まさに、そのころの私の心境とそっくりだったからです。

前にも述べましたが、若いころの私は、社員を教え込もうとしていました。なかなか覚えてくれない人には、「どうして、何回も言っているのにわからないんだ」という気持ちになり、ついついきびしい言葉で叱ったこともありました。なぜ、私の気持ちをわかってくれないのだろう、と悩んだこともたびたびでした。

母親が組織改編したさいに私を裏切った社員も、長いあいだ、私が仕事を教えてきた人たちばかりです。もしかすると、ノジマという組織の中で、社長である母親の主張を考慮して、そういう行動をとらざるをえない社員がいたのかもしれません。

私はしだいに、彼らが私を裏切った責任は自分にもあったんだ、と考えるようになっていました。

いまの私ならば、母親の組織改編に反対しない社員に対して、

「いままでいっしょに失敗も成功もしてきたではないか。楽しようと思うな。これからも、たとえ失敗したとしても、やりつづけないとノジマは成長しないよ。おれも失敗する。君も失敗していいんだ。いっしょにやっていこうよ」

と、抱きつかんばかりの勢いで言うと思います。

しかし、当時の私には、まだ「教える」という発想しかありませんでした。

「おれの言うことが信用できないのか」

「おれの言うことが聞けないのか」

という姿勢だったのです。

私は会社に復帰して、やがて社長となり、母親が会長になりました。そのさい、弟が会社を去り、結局、母親もやめることになりました。母親は、経営の詳細までは知らなかったと思います。弟は独自の販売方法などをもっており、私とはめざす店舗づくりが異なっていました。

私が弟のために将来性のあるパソコン部門を担当させようとすると、母親は当時、中心部門であったオーディオ部門をやらせようとします。母親の目には、私が弟を疎《うと》んじているように見えたのかもしれません。

私にとって、肉親との対立は何よりもつらい経験でした。このことも、これまでのマネジメントのやり方を考え直す動機となりました。それでもすぐに成功したわけではありません。自信をもって「失敗のすすめ」を言うまでには、まだまだ失敗を重ねなければなりませんでした。

ラッキーな人生と思うようになった

次の章でくわしく説明しますが、私は人生を決める動機には五つの種類があり、その中のどれを重視するかで、歩んでいく道は変わってくると考えています。私がいちばん重視するのが、「志」の道です。そして、「義理」「情熱」「理由」の道と続き、最後が「カネ」の道です。

人生の最高の道が志であり、おカネは最後についてくると私が思うようになったのは、四〇歳を過ぎたころです。いきなり会社の機構が変更され、一年間、精神的な空白の時代を体験したときです。

志を最優先する気持ちは、入社したときからもっていました。小さな電器屋では終わりたくないと思ったこともそうですし、自分のやりたいオーディオコーナーをつくったのも、私に志があったからだと思います。

入社の経緯が家庭の事情だったので、親を助けなければいけない、恩返しをしなければならないという家族への義理も当然、感じていました。おカネのためだけには働きたくないという気持ちもありました。

そんなさまざまな気持ちが、人生観とも言うべき「道」という考え方にまとまり、順番までついたのは、信頼していた部下に裏切られたと思ったことがきっかけでした。

そのあと、ほぼ一年間、会社には在籍していても実際はいないような時間を過ごしました。これを精神的な空白と思っていましたが、いま思うと、その間に社内では体験できない時間を過ごし、多くの時間を読書や思索に費やすことができました。そのあとの人生にとって、じつに充実した序章だったのかもしれません。

ちなみに、私は、同級生をうらやましく思うことがたびたびありました、中学生のころから、家業であることを理由に電器屋の手伝いをさせられていました。高校生、大学生のころは、同級生にアルバイトの声をかけましたが、同じアルバイトでも、同級生にはきちんと時給が支払われるのに、私は〝ボランティア〟。ここでも家業だからという理由でした。

大学を卒業するころになって、同級生はそれぞれ希望の企業に就職します。私には、両親の不仲やまだ小さかった弟のことなどで、家業をなんとか盛り立てていくという選択肢しかありませんでした。当時、私は自分の人生を幸運だと思ったことなどなかったのです。

その後、オイルショックの影響もなんとか乗り越え、企業を順調に育てたと思っていたときに、私を実質上、〝棚上げ〟する組織改編が行われました。苦労をともにしてきたと思っていた部下が、母親の提案に賛成したのです。

家業を手伝ったころのことから倒産の危機を乗り越えたことなど、次から次へと頭の中を駆けめぐり、悔しさで胸がいっぱいになりました。なんて自分は不幸な目にあったのかとつくづく思いました。

それがいまはどうでしょう。これまでの人生はラッキーだったと思うようになりました。苦しいことがあればあるほど、それを克服したときの達成感は大きいものです。私は、その達成感を何度体験することができたのだろうと考えることができるようになったのです。

そのうえ、こうした体験をしたことで、私にとっても、また会社にとっても大きな柱となる、「失敗のすすめ」への道を切り開くことができました。まさに、ラッキー以外の何ものでもありません。

Point

◉失敗は誰にでも、いつでもついてまわる。

◉これでよし、と思っても、予期せぬところから新たな問題が出てくるもの。

◉義理はおカネより大事。一度、義理を欠くと、信用を取り返すのは至難の業《わざ》。

◉人間、追いつめられたときにこそ、もっている以上の力を発揮する。

◉危機感を共有すると、失敗が小さいうちに、みんなで改善策を考えられる。

◉人生の最高の道が「志」であり、おカネは最後についてくる。

◉苦しいことがあればあるほど、それを克服したときの達成感は大きい。

第5章

野島流・経営哲学

マニュアルに頼らないおもしろさ

小売業の新入社員教育というと、まずマニュアルに沿って、仕事の進め方やお客さまへの対応を教えていると思われがちです。それを完全にマスターすることが、仕事の第一歩というわけです。

私は、まったく反対の考えをもっています。最初にマニュアルから教えることは間違っていると思います。もちろん、機械や器具の使い方、店舗施設に定められている規則などは、マニュアルを覚え、そのとおりにやらなければ支障をきたします。それは、その業務に携わる誰もが知っておくべきでしょう。

でも、それは〝作業〟であって、〝仕事〟ではありません。お客さまとの対応や店舗のレイアウトといった仕事のときにまでマニュアルがあるのは、いかがなものでしょうか。幹部は作業と仕事の違いをしっかりと部下に伝え、ほんとうの仕事にマニュアルなどないことを理解してもらわなければなりません。

マニュアルとは、仕事のしかたを丸呑みしろといわんばかりの命令です。まるで学校で教える数学の公式を集めた参考書のようです。これが徹底されると、たとえばお客さまへの対応一つとっても、どんなお客さまに対しても同じになってしまいます。

前にも述べましたが、わが社では、店舗のレイアウトはすべて担当者が行います。それがその地域のお客さまにいちばん喜ばれるレイアウトだと判断できるまで考えなければなりません。幹部ならではの重要な仕事であり、マニュアルなどはありません。

そもそも、仕事がすべて予想どおりに進むことなどあるでしょうか。その時代の経済状況ばかりでなく、人口構成の変化、取引先の経営状況、取引担当者の個性、お客さまの嗜《し》好《こう》の変化、店舗のある地域の特色、ライバル店の状況……あらゆることが、仕事に影響を与えます。つまり、昨年の実績が今年も期待できるとはかぎらない時代がつづいているのです。

マニュアルは、効率的で、これまでにいちばん成功したと思われるやり方を抽出したものです。過去のデータからつくられた教科書と言ってもいいでしょう。成功体験の結晶と言うこともできますが、その実態は、時とともに古文書化していく教科書ではないでしょうか。

つまり、「失敗の体験」から一人ひとりが仕事の進め方を考えなければ、ほんとうの仕事とは言えない、と私は思っています。こうしたマニュアルを否定することが幹部の役割の一つであり、「失敗のすすめ」を社内に広めることにもなるはずです。

つねに「お客さまの立場」で対処する

とくに外食産業は、マニュアルづくりに熱心なようです。そこに書かれていることを頭に叩き込み、朝から晩まで同じことができるようにします。私から見ると、すべてが単純作業で、あれで楽しいのかと思ってしまいます。

私はマニュアル化された店より、オーナーや従業員の〝顔〟が見える店が好きです。顔というのは表情だけでなく、個性であり、雰囲気であり、心です。人と人が交わす会話であり、笑顔のことです。

社員がまず考えなければならないのは、どうやればお客さまに満足してもらうことができるか、喜んでもらうことができるかということです。何を購入するために来店されたのか。どんな機能の商品を必要としているのか。また、余計な機能がついた商品は、どこのメーカーのものであろうとほしくない、と考えているお客さまも数多くいるはずです。

お客さまは一人ひとり、違う目的や考え方で来店されます。マニュアルどおりに対応するというやり方は、お客さまを〝十把《じっぱ》ひとからげ〟にする失礼な態度ではないかと思います。お客さまの立場で対応することが、何よりも優先されなければなりません。とにかく、お客さまの立場に近づく、近づく、近づく……この連続です。

そのためには、数字を考える必要はありません。「これは儲かるからやろう」などと考えることを最初に身につけてしまうと、道を誤ります。

社員がまず考えなければならないのは、お客さまのことです。この視点を見失わなければ、時代がどんなに変化しようと、お客さまへの対応に困ることはないと断言できます。私たちの行動指針の基準は、お客さま自身なのです。

万一、トラブルが起きても、お客さまの立場に立って考え、行動すれば、おのずと対応策や解決策が見えてきます。ノジマの社員だからといって、その立場から考えてはいけません。お客さまと同じ視線でトラブルを見つめることが大切です。

もし、マニュアルどおりの店舗づくりをするようならば、私はノジマが伸びなくてもいいと思っています。そもそも私は、全国に店舗展開することを優先しようなどとは考えていません。現在、店舗がある地域のお客さまに喜んでもらえることは何か、そのことのみを社員一人ひとりに考えてほしいのです。

そのための失敗なら許容されるのが、わが社の方針です。数字なんてどうでもいいと思うくらいでなければ、お客さまにほんとうに喜んでもらうことを考えるのは難しいでしょう。それを伝えることが、人材育成の基本です。社員一人ひとりにこの基本を理解してもらい、納得してもらうように努めることが幹部の役割です。

しかもこれは、決して命令であってはなりません。自分といっしょに仕事をしているメンバーに、心の底からそう思うようになってもらいたい、そこに気づいてもらいたい——幹部はつねにそう考えて行動しなければなりません。

自分のマネジメントを見つめ直そう

マネジメントとは、管理とか経営という意味で用いられます。組織の目標を達成するために、組織内の力を十分に活用することを意味します。目標を明確に示すことがトップの仕事であり、それを理解して、目標に向かって具体的な指示や判断を下すのが幹部です。まさに管理職というわけです。

私は、マネジメントを、人間の成長のレベルと対比させて六つに分類しています。低い順から、幼稚園、小学生、中学生、高校生、大学生、大人の六つです。

幼稚園のマネジメントは、「売上げ数字をあげろ」「前年比を上まわれ」「もっとがんばれ」と要求するだけです。ちょうど幼稚園児がお菓子をもらうために、「ちょうだい。ちょうだい」と何度もねだるのに似ています。

小学生のマネジメントは、数字で攻めるやり方です。たとえば、店舗の目標数字をメンバー数で割って一人当たりの目標値を決め、あとは、「がんばれ、がんばれ」と言うだけです。幼稚園児と違うところは、小学生になったので、足し算と同じくらい割り算ができるようになった点です。

中学生のマネジメントは、小学生と同じように割り算をして目標値を決めます。さらに、中学の〝部活〟でよく見られる命令や頭ごなしの指示に似ているので、こう呼んでいます。

高校生のマネジメントは、旧日本海軍の山本五十六《いそろく》元帥の言葉、すなわち、「やってみせ、言って聞かせて、させてみて、褒《ほ》めてやらねば人は動かじ」です。部下にお手本を見せてくわしく説明し、うまくできたらほめて人を動かすやり方です。

私は、「人を動かす」という部分が好きではありませんが、中学生以下のレベルよりマネジメントの方法がすこし上かと思います。かつて、私が三一歳のときに、相武台にオープンした店に店長として行っていたころは、このレベルでした。

大学生のマネジメントは、幼稚園から高校生までのマネジメントを、その場、その場の場面に応じて使い分けができるレベルです。メンバー一人ひとりに、「現状、マイナス原因、どうすれば、どうなる」を気づいてもらい、納得してもらうマネジメントをすることです。高校生のマネジメントと異なるのは、やってみせたり、ほめたりするだけではなく、部下に自然と自分の目標や役割を気づかせるようにする点です。

最後の大人のマネジメントは、部下の力量を正しく把握したうえで、一人ひとりがめざすべき目標数字を示し、会社の目標、店舗の競合実態、部下の心理状況、モチベーションにまで目配りをした管理をすることです。このレベルに達すると、メンバーとともにいつも新しいアイデアを提案したり、これまでにない仕事の仕組みをつくり出したりします。企画参画によって、仕事をどんどん進化させるマネジメントと言うことができるでしょう。

あなたは、自分がうまくマネジメントができない理由を部下のせいにしていませんか。もしそうなら、あなたのマネジメントは中学生以下です。だから、口だけで指示をするのです。まず、自分を見つめ直し、組織がうまくまとまらないのは自分自身に問題があるからだと認識することから始めなければなりません。

こうしたマネジメントのレベルを上げていくには、幹部やリーダー自身も失敗を体験して、その反省の中から学んでいくしかない、と私は思っています。

「儲かった」を評価の基準にしない

成果主義という言葉があります。与えられた課題をどれだけ解決したかという結果から社員を評価する方法です。いちばんわかりやすいのは年俸制でしょう。会社にどれだけ利益をもたらしたかによって、報酬が決まります。

こうした成果主義によって部下を評価すると、いろいろな問題が生じます。たとえば、株や為替の場合はわかりやすいのですが、企業では普通、組織でプロジェクトを進めたり、商品開発を行ったりします。その場合、組織に所属する一人ひとりを正確に評価するのはかなり困難です。上司の恣意的な評価になりやすいという批判もあります。

また、短期間では成果があがらない仕事もあります。システム開発や技術開発などは、そう簡単に結果が出るものではありません。長年の研究で大きな利益を企業があげたにもかかわらず、それに見合う報酬を得られなかったということで裁判になったケースもあります。

どうも成果主義には、短期間でおカネを稼ぐ人が集う企業に向いているというイメージがついてまわります。人材を育てるという意識も薄いように思います。

というより、成果主義がつねに成功することを求め、失敗は許されないことに、私は疑問を感じます。そのたびに給料が大きく下がるというのであれば、反省する気持ちの余裕も生まれません。一度でも大きな失敗をすると、その企業にいられないような風土がつくられていくように思います。

わが社のような小売業が成果主義に走ったら、お客さまに喜んでもらうことができる商品より、売れる商品、利益率が高い商品を取り扱うことになるでしょう。つまり、短期的な数字ばかりに目を奪われ、リスクのともなう仕事は、ハイリターンが確保されないかぎり、誰も手を出さなくなります。

成果主義がこのような傾向をもたらす制度であるならば、私は受け入れることができません。成果の基準を、儲かったおカネで考えているからです。お客さまに喜ばれるという基準もあるはずです。お客さまに喜ばれ、そしておカネが儲かる、というのが正しい順番ではないでしょうか。

新しい文化をつくる人材になろう

失敗を体験しながら、変わっていかないと生き残っていけないと言うと、ノジマの社内は相当きびしい環境であるかのように思われがちですが、そんなことはありません。むしろ、その逆です。

失敗も経験しながら、どんどん成長していくことができるので、居心地のよい会社になっている、と私はひそかに自負しています。無機質な数字を追いかけさせられるよりは、ずっと充実していると思います。

評価の基準をひと言で表すと、「会社にどれだけ新しい文化をつくったか」ということです。ここで言う文化とは、会社の方針や社風をさらに浸透させ、進化させる仕事のやり方だと考えてください。すなわち、お客さまの視点でものを考え、それを具体化する組織づくりにどれだけ貢献したかということです。

この評価は、数字をもとに下される評価と比べて、とても判断が難しいと思います。

「どれだけ斬新な取り組みをしたか」

「その実現に向けて、どれだけ努力をしたか」

「個人の数字には表れなくても、どれだけの文化を会社にもたらしたか」

これらを基準として社員の評価を行うさいに、上司の主観に左右されることは否定できません。でも、その難しい判断から逃げてはいけません。ここで数字に頼ってしまうと、マネジメント力が落ちます。幹部やリーダーは、こうした視点で部下を育て、評価を下さなければならないのです。

部下の仕事のプロセスを評価できない、視点の斬新さを見抜けない、考え方の正しさを理解できない、見るのは唯一、数字だけ。これでは、部下を正当に評価できる幹部とは言えません。見た目の存在は大きくても、〝恐竜〟になって、いつかは絶滅してしまいます。

そして、もし、そんな上司がいたら、その失敗に気づく社員が一人でも多く増えることを、私は期待しています。

「正解のない仕事」でモチベーションを上げる

仕事には、正解のある仕事と正解のない仕事があります。

正解のある仕事とは、きちんとした挨拶、店舗内の清掃、整理整頓というようなものです。誰が見ても、きちんと行われているかどうかを判断することができます。「気づく」人は、こういう仕事もきちんとこなすことができます。

これに対して、店舗のレイアウト、陳列法などは正解のない仕事です。どうやればいいかは、みんなそれぞれに異なる意見をもっています。ときとして、意見が鋭く対立してしまうこともあります。

そんなとき、幹部はどう判断すればいいのでしょうか。

失敗を恐れずに自分の考えを述べたメンバーの意見を採用することです。失敗を恐れないということは、それだけ伸びる資質をもっていると言えるからです。異論はあっても、やらせてみましょう。そのほうが、現場のモチベーションが上がります。

もともと正解はないのですから、意見を言ったメンバーは願望値をもって、その案を考えたはずです。その数値を上まわる結果が出れば自信がつきますし、下まわったら、その理由を考える絶好のチャンスです。うまくいかなかった場合は、どうしてそうなったかを話し合う機会をもつことができます。

このとき大事なのは、幹部が「正解」と思っていることを簡単に口にしないことです。部下が、「なぜ、うまくいかなかったのでしょうか」と聞いてきても、相手の考えを引き出す質問をして、考えさせる習慣をつけることが大切です。

なぜ、その方法がいいと思ったのか、願望値の根拠はどこにあったのか、なぜ、うまくいかなかったのか……部下が失敗を考え、みずから原因に気づくまで質問攻めにします。幹部のほうが先に根負けして、「こうすればよかった」などと言ってはいけません。

「やります。がんばります！」と言うタイプにほんとうの自信をつけさせるためには、大きなテーマより、身近な問題で失敗と成功を味わってもらったほうがいいでしょう。「正解のない仕事」に、なぜそんなに自信をもっていたのかを反省する機会にもなると思います。

従業員を差別しない

当社では毎年、方針発表会を行います。その席に出席するのは、従業員のうち二〇〇〇名です。正社員だけでなく、契約社員、アルバイトの方も出席してもらいます。雇用形態とは関係なく、よい従業員に参加してもらいます。

現在、ノジマグループの従業員数は、二〇〇〇名をはるかに超えています。ということは、正社員の中に、方針発表会に呼ばれない人がいるということです。それは、仕事ではなく、作業のレベルにとどまっている社員たちです。この選別は、幹部が同じ部署の社員の話などを参考にして行います。

私どもの店舗には、店長がいて、リーダーがいます。リーダー以上は方針発表会に全員呼ばれることになっています。そのリーダーの中には、パートタイマーの人もいます。お子さんの関係などで勤務時間がかぎられ、パートタイマーという立場でしか仕事ができないという事情がある人たちです。

アルバイトやパートタイマーであっても、仕事はきちんとこなす、責任も果たす、自分を律することができて人格も立派。そういう方にリーダーになってもらうこともあります。労働時間の長短が評価を左右する要因にはなりません。幹部、管理職は、会社の文化を理解し、それを実現している人には正しい評価をしなければなりません。

ここで、評価に関連して、人事についてふれておきましょう。

ノジマでは、人事異動は人事部が決めるわけではありません。人事権は各部門の長がもっています。社員の才能を伸ばすことが人事異動の基本ですから、この人間がいると自分が楽をすることができるとか、ほかの部署でエースと言われているようだからなんとか自分の部下にしようといった類の異動は行われません。現時点での能力より、将来に向かっての異動でなければならないのです。

そういう考え方からすると、社員一人ひとりの能力、個性をいちばん把握しているのは、各部門の長ということになります。人事権が、人事部ではなく、現場の長にあるのは当然のことではないでしょうか。

また、わが社では、幹部が降格を申し出ることがあります。いまの立場では限界があり、もう一度、現場の感覚を取り戻すために役職を下げてくれと言ってきます。そうしないことには、次のステップに進めないと言うのです。

こういう場合、話し合いの場をもちますが、同じことを三回言われたときは希望どおりにします。これ以上、そのままにしておくと、会社をやめてしまうこともあるからです。

数字はあとからついてくる

企業は、売上げ、利益がなければ存続することはできません。それが基本ですが、だからといって、つねに何事にも数字を優先させると、長い期間で見た場合、マイナスの効果のほうが大きいというのが私の考えです。

部下を指導するときに気をつけなければならないのも、この点です。数字を責めてはいけません。重視すべきは仕事のプロセスです。これがプロセスマネジメントです。

わかりやすく言うと、観察することです。昆虫観察をするように、人間を観察します。部下がどんなふうに仕事に取り組んでいるかを、いつも見守ります。それがすばらしいときは、たとえまだ数字になっていなくても、まずほめることです。

お客さまに喜ばれる工夫を考え、実行しても、すぐに効果が出るとはかぎりません。たとえ失敗したとしても、その工夫をこらした努力をほめましょう。

次に、数字につながらない理由をいっしょに考え、改善策を練ります。簡単に答えは出ないと思いますが、あきらめずに、ときには店舗の現場でちょっと〝実験〟をしてみます。

うまくいかない場合は、また考え直します。すこしでも効果が出てくれば、もっとよい方法はないかと、またいっしょに考え、次に拡大展開してみます。この繰り返しが信頼関係を生みます。数字を責めてばかりいては、いつまでたっても信頼は生まれません。

失敗をすすめているわが社でも、大きな失敗をすると評価は下がり、給料も下がります。だからといって、いっぺんに大きく減額するようなことはしません。

じっくり反省してほしいのに、大幅な減給をしたのでは逆効果になりかねないからです。急に生活を変えなければならなくなったり、それが原因で家庭内に波風が立ったりするのはよくありません。年間でほんのすこし、「お前は失敗したのだから、反省して勉強しなさい」という程度にとどめます。

ところが、社員のほうから、

「給料をもっと下げてください。もう何回も下がっています。女房からも、みっともないと言われます」

と申し出てくることがあります。

もちろん、だからといって、大幅な減給などは行いません。社長みずからが、「会社のおカネを使ってどんどん失敗しなさい」と言っているのです。その意味をきちんと把握して失敗した社員の給料を、大幅に減らすことなどできるわけがありません。反省の薬となる程度の減給で十分です。

わが社の場合、入社してから五年間は定期昇給があります。一定の給料水準までは誰もが到達することができます。その後は、評価しだいで給料の上昇率が変わります。いわゆる、グレード制です。とはいえ、社員全員の給料の上昇率は、この一六年間、下がったことはありません。社員全体として見ると、待遇は上昇カーブを描いています。

このような賃金体系の中で、〝作業〟しかできなくなった社員は、給料でもポストでも後輩に抜かれていくことになります。そういう社員はみずからやめていく場合もありますが、社内での評価を知りながらも、作業を仕事に変える努力をしないまま在籍していることもあります。とても残念なことです。

このような社員には、できるだけチャンスを与えるために部署を異動させたりします。それでも変わらない場合は、しかたがないとあきらめるしかありません。ごく少数とはいえ、彼らは、自分でその立場に甘んじていると私は思っています。

「お客さまのために」と「お客さまの立場で」の違い

当たり前の話ですが、私たちのような小売業であろうと、メーカーであろうと、お客さまから見放されたら存続することは不可能です。わが社の最終目標も、喜んでもらう方々をできるだけ多くし、業界に対してもすこしでも貢献できるようになることです。

いま、富士山に登るルートは四つあります。どのルートがいちばんいいかは、登山者の体力や力量によって異なります。でも、山頂をめざしたいという思いは同じです。

私どもの山頂は、お客さまと業界です。その目標がぶれていなければ、何をやってもかまわない、と私は考えています。もちろん、守らなければならない法令や行政からの通達などはありますが、社会のルールを破らないかぎり、あらゆる道を模索して、山頂へ一歩でも近づくことが私たちの仕事です。

ここまでお読みいただいて、お気づきになった方もいるかもしれませんが、私は、「お客さまのために」ではなく、「お客さまの立場で」という言い方をします。

どちらにもお客さまを大切にするという気持ちが込められていて、同じように思われるかもしれませんが、お客さまのために何かをするという表現は、お客さまと私たちが向き合っているように感じます。立つ位置が違います。あくまでも私たちは売る側にいます。

その点、「お客さまの立場で」となると、お客さまと私たちは同じ位置に立って、同じ視線で、同じ方向を見ています。その視線の先に商品があります。私たちも買う側の立場になっているということです。

ですから、この本でもたびたび使いましたが、「お客さまに喜んでもらう」という言い方も、ともに喜ぶというニュアンスで使っています。お客さまに私どもの店舗で商品を購入したことを喜んでもらうことを真剣に考えるには、お客さまの立場にならなければできません。購入価格、商品の機能、従業員の説明……すべてが、そうです。

お客さまも喜んで、私たちも喜ぶことがいちばんよいことです。そのさい、会社が喜ぶことを儲かることととらえてしまうと、道を誤ることになると思います。

お客さまにとって、わが社が儲かることは、株主でもないかぎり、関係のないことです。すこしでも安く、自分がほんとうにほしいと思っている商品を買うことが来店の目的です。いくつか購入候補の商品で迷っている場合は、従業員からくわしい説明を聞きたいと思っています。

こういうお客さまの立場から私たちがすこしでも外れたら、ノジマの存在は危うくなってしまうでしょう。

人生の五つの道

私は人が歩んでいく道を決める動機には五つの種類があり、それによって進む道が大きく変わっていくと考えています。何を重視するかによって、次の五つの道があるのです。

人生のいろいろな局面で、その人をとりまく状況、環境は違っていても、歩んでいく道の基本に流れる価値基準は、そう変わることがないと思います。人生という長い期間だけではなく、目の前に迫った問題に対して決断が求められるようなときでも、この価値基準が大きく影響します。

①カネの道
②理由の道
③情熱の道
④義理の道
⑤志の道

①については、説明するまでもないでしょう。おカネを儲けることを最大の目標とする考え方です。

②は、育った環境によって進む道を選択することがあります。自分なりの考えはあっても、周囲の状況を考慮しなければならないことは、結構あるものです。いったん、この道

を進み始めると、自分が置かれた環境や人間関係をつねに意識しなければならないことが多くなります。私のように、事情があって家業を継がなければならなかったことも、この道の一種でしょう。

③は、何事にも気合とか熱情というような精神の高揚を求める生き方です。

④は、恩義です。社会からの恩、時代の恩、他人から受けた恩に対しては、きちんと恩返しをするとか、義理を感じてそれに背《そむ》かない心をいつももっていることです。信用という言い方をしてもいいでしょう。

⑤は、③の情熱と同じように受けとめられがちですが、気合のように思い込みともとられるような心情ではなく、自分が決めた目標に向かってつねに努力をする道です。

この五つの道は、ビジネスにも通じます。たいていの場合は、①をいちばん重視する傾向にあるのではないでしょうか。次に、⑤という企業もあるかもしれません。

わが社では、⑤から①の順で重視します。この価値基準で会社は動いています。おカネは最後です。

ですから、まず、志がある失敗をすすめます。お客さまの立場で、お客さまに喜んでもらえることをどんどん考えて実行に移し、業界の発展に貢献するという二つの志が最優先されます。わが社にとって、利益は結果でしかありません。

「デジタル一番星」の「一番」とは何か

このような価値基準をもつと、利益率は低くなります。わが社の給料はそれほど高くはありません。しかし、この一六年間、給料の基本的なラインはすこしずつですが右肩上がりとなっています。株主配当も同じです。なんとか成長を続けているという状況です。

その理由は、お客さまに喜んでいただくことを最優先する経営理念が浸透して、多くのお客さまが来店してくれたからです。「志」のあとに数字がついてきた、というかたちです。

何度も書きましたが、私は会社が急激に大きくならなくてもいいと考えています。私たちが店舗を出している地域の方々に喜ばれて、電気製品を購入するときはノジマに行こうと思っていただくことが何よりも大切です。ここが揺らがないようにしなければなりません。

私はよく、「デジタル一番星」に向かって進もう、と社員に呼びかけています。「一番」という言葉から、売上高とか利益高が業界で一番になることをめざしていると思われがちですが、私が一番という意味は、デジタル関連の商品・サービスに関してはナンバーワンをめざすということです。

一番星は夕方、真っ先に見える星です。つまり、少なくともデジタル関連については、つねに先頭を切っていたいという願いを「一番星」という言葉で表現したのです。

すでに一九九〇年ごろから、私はニュー・エレクトロニクス・コンセプト・ストアをつくり、売上げや利益を重視することより、新しいことを先取りして、会社をどんどん変えていこうと考えていました。社会が急激に変化しているにもかかわらず、みずからが変わることができない企業は恐竜になって滅びてしまいます。

とくに、デジタル関連の変化は、著しいものがあります。つねに「一番星」になる心がまえをもっていなければ、あっというまに時代に取り残されます。「一番星」で先頭を切って、最後までお客さまの期待を裏切ることなく義理を果たすことが、私たちの目標なのです。

まずスピードとユニークさを追求する

目標を実現するためには、具体的にどうすればいいのか。日ごろ、社員に心がけてほしいことに順番をつけて示したのが、次の行動指針の四点です。①は二つあります

①スピード……迅速さ
目の前の作業を迅速に行うだけでなく、新しいプロジェクトを実行に移すときのように、多少時間がかかる仕事であってもスピードが求められます。
①ユニーク……独創的
ほかにないものを提供することです。わが社は家電の小売業ですから、ユニークさは品揃え、サービス、販売促進の方法などの面でいちばん発揮されると思います。
③クオリティ……高品質
ノジマにしかできないと言われるくらいの品質を維持、提供することです。商品だけではありません。サービス、店舗づくりにもクオリティの高さが問われます。
④コスト……原価と数字
コストとは原価だけを意味するものではありません。業績、売上げなどの数字もコストです。原価としてのコストは下げるもの、数字としてのコストは上げるものです。

まず、スピードです。ますます加速するＩＴ・デジタル化の流れの中で「一番星」として先頭を切るためには、これまで以上に迅速な決定や行動が求められます。

同じように重要な指針は、ほかの店とはまったく異なるユニークさです。

家電業界にかぎらず、小売業の分野では価格競争が激化しています。同じ商品ならば、すこしでも安い店で買ったほうがいいと思うのは消費者の当然の発想です。

それでは、同じ商品でどれだけ価格差があるかというと、量販店ではほぼ同じ価格帯にならざるをえないのが現状です。売る側からすれば、安いほどいいというわけではありません。安くするにも限界があります。となると、どうしてもノジマで商品を買っていただくには、他店とは異なる何かがなければなりません。それが、ユニークさです。

値段が安いだけではなく、品揃えがよくて、店側が売りたい商品ではなく、お客さまが買いたい商品が並んでいる。お客さまの使用目的を正しく理解して、望んでいるタイプの商品をきちんと案内することができる従業員がいる。トイレも含めて店舗がいつも清潔で明るく、従業員が礼儀正しい……いろいろなユニークさがあると思います。

このスピードとユニークさの二つをつねに追求すると、クオリティが高まり、それによってコストもあとからついてくることになります。

私が社長室をつくらない理由

売上高が二〇〇〇億円規模の企業の社長の中で、私はもっとも社員との距離が近いと自負しています。社長がつねに社長室にこもるようになると、往々にして会社の状況が見えなくなったり、重要な情報、とくに企業にとって悪い情報が入らなくなったりします。

ですから、私はこれまで個室をもったことがありません。現在、ノジマの本社は横浜の「みなとみらい」にあります。それまでは相模原に本社があり、その社屋には社長室がありましたが、それは先代社長が使っていたもので、私自身は使いませんでした。

そのかわり、社員のど真ん中に私の席がありました。その周りを部長など管理職の机が囲み、その外側に一般社員がいます。私の席は三六〇度丸見えです。社長になったころから、つねに社員の近くにいるようにしました。

みなとみらいのクイーンズタワーにオフィスを移転してから、社員数も増え、フロアも分かれましたので、机の配置が変わり、全社員の真ん中に机を置くことはできなくなってしまいましたが、それでも社長室という部屋はありません。

このような配置にすることで、オフィス全体が見渡せるということもありますが、逆に言えば、私の一挙手一投足、電話で話していることなどすべてが全社員からいつも見られている、ということでもあります。社長だからといって、好き勝手はできません。体調が悪かったり、疲れていたりしても、うっかり居眠りもできません。

私にとってユニークとは、独創的なことを意味するのですが、社外の方にとっては、このようなあり方もユニークと映るようです。オフィスを訪ねてきた旧知の経営者は、「お酒を飲んだ次の日はどうするんです。これでは昼寝もできないでしょう」と言ってからかいますが、私は、それだけの緊張感をもって仕事に臨むべきだと思っています。社長だからと言って、社長室にこもって怠惰なことをしていると、その姿勢はいつか社内に伝わっていきます。

もちろん、私もちょっと休みたいときはあります。そういうときは、普段から隠し事をしないようにしているので、周りの社員に堂々と「休んでくる」と言います。私の場合、疲れがたまってきたなと思うと、一時間ほどマッサージを受けることにしています。

反対に、私からは社員の様子がよく見えるので、激務がつづいてあまり休んでいない社員を見つけると、「今日はもう休んだらどうだ」と言ったりします。店舗へ行ったときも、お客さまがいないのに立っている社員に、「すこし休んでいなさいよ」と言うこともあります。

これも、つねに社員との距離を近づけるために行っていることです。もちろん、そうすることによって、社員全体に共同体意識が生まれ、「ノジマ村」とも言うべきカルチャーが育つ下地になればいいと願っています。

社員の人数より「質」を求める

二〇〇八（平成二〇）年のリーマンショック以後、大学生には大変きびしい就職状況がつづいています。ノジマでは、このところ急速に採用人数を増やしていますが、これは何もここぞとばかりによい人材をとっておこうというのではありません。ありがたいことに、お客さまが増え、その対応をきちんとするために社員が必要になっているからです。

ひところに比べると、かなり多くの学生がエントリーしてくれます。面接試験の様子を聞くと、給料が高いわけでもないのに、家電販売業はノジマしか受けていないという学生もいるようです。世間一般の企業と比較して、すこしずつとはいえ、右肩上がりの給与水準が評価されたのでしょうか。

いまの学生は私たちの時代と違って、インターネットなどで会社の研究が簡単にできますので、ひょっとすると、わが社の無借金経営などに安心感を抱くのかもしれません。

本音を言えば、急激に社員が増えることにはマイナス面もあると思っています。会社の成績と社員の成長はいっしょであるべきだ、というのが私の考えです。本来の大きさを超えるほど風船を大きくすると、ちょっとしたことで破裂してしまいます。

同じように、社員数が一気に増えると、当社で培《つちか》われてきたカルチャーが壊れてしまうリスクが出てくるかもしれません。そうなると、お客さまが離れていきます。多くの学生が入社を希望してくれるのはありがたいことですが、やはり「質」を問いたいと思います。

前に、茹でガエルのたとえ話をしました。あの続きを私なりに考えてみると、大きな鍋と小さな鍋では、「熱い」と感じた瞬間、小さな鍋で茹でられていたカエルのほうが飛び出しやすいと思います。大きな鍋では、大きく飛ばなければ外に出られません。大きいぶん、カエルがたくさん入っているかもしれません。その点、小さな鍋ならば、ちょっとジャンプすれば茹であがることを免れるかもしれません。

もうおわかりだと思いますが、鍋は会社と考えることができます。本来、ぬるま湯に浸《つ》かっていて、茹であがるまで気がつかないこと自体、すでに大問題ですが、まだ生き残っているかぎりは失敗に気づくことができます。風船と同じで、会社という器は急に大きくしたくない、というのが正直な気持ちです。

組織が大きくなると、一人ひとりが組織全体を見通すことが難しくなります。新しい発想をするときに、自分の会社の現状を正確に把握するのに手間どることにもなります。そうなると、将来に役立つはずの失敗の質が低下する恐れも出てきます。

社員に同窓会をすすめる理由

あまり気持ちがいいとは言えない茹でガエルの話を再び取り上げたのは、みなさんに、楽しく働くというのはどういうことかを考えていただきたかったからです。

茹であがる前のカエルは、ぬるま湯に浸かっています。人間の世界で言えば、「楽をしている」ことを、よく、「ぬるま湯に浸かる」と表現します。何の苦労もしなくて、ちょうどよい湯加減の温泉に浸かっているような気分で働いているタイプのことです。

こういう働き方をすることが楽しいと思う人もいるでしょう。重要な仕事は同僚に任せ、ちょっとした仕事で働いた気分になります。こんな生活が長くつづくと、ほんのすこし働いただけでかなりの仕事をしたような気持ちになってしまいます。同僚のおかげで給料を得ているとも言えます。

そのいっぽうで、楽しく働くというと、同僚といつも和気藹々《あいあい》と仕事をすることを思い浮かべる人もいるでしょう。恵まれた上司と仲間に囲まれて、やりがいのある仕事に取り組む――そんなイメージです。その前提には、仕事はうまく運ぶことが当たり前、という気持ちがあるように思います。

それでは、どれだけの人が、そういうスタイルで仕事をしているでしょうか。私の勝手な想像ですが、現状の職場に多少なりとも不満をもっている人のほうが多いように思えます。つまり、そんな恵まれた職場で仕事がしたいという願望の表れではないでしょうか。

ほんとうに楽しく働くこととは何かについて、一律な正解はないかもしれません。会社がこうだと決めても、社員によっては、そんなやり方を楽しいとは思わないと考える人もいるでしょう。社員全員の考え方や性格まで変えることは不可能です。

これまでに書いてきたように、私は、ノジマらしいカルチャーをつくることが楽しく働くことだと考えています。ほかの会社で働いた経験がない社員にとっては、私たちのやり方がどれだけ楽しいかは、なかなか実感できないと思います。

そこで私は、入社して一～二年目の社員に、大学生のときの仲間と同窓会のような意見交換会を開くことをすすめています。すると、多くの人がその報告をしてくれます。

たとえば、世間的に名の通った大企業に勤めているのに、学生時代のままでぜんぜん成長が見られないとか、口の悪い社員からは、あんな大きな会社にいるのにバカに見えた、という声さえ聞こえます。

ほかの企業のことを悪く言うのは感心できることではありませんが、同窓会をやることで、社会人になって自分は成長したと実感してくれるのは、とてもうれしいことです。

わが社の給料は大企業と比較すると、決して高いレベルではありません。それでも、社員が失敗をしても屋台骨が揺るがない程度の内部留保はあります。そんな組織で失敗しながら、自分が成長していることを実感できる――ここがノジマのよいところだと、私は思っています。

人生には四つの時代がある

私は、会社の利益だけを追求したことはありません。世の中の役に立つために会社を運営していますし、そのために自分の力を生かしきることこそ、私がやるべきことだと思っています。

失敗を避けて無難な選択をしていたのでは、なかなか実行できないでしょう。もうすこし私も失敗をしなければならないかもしれません。だから、私はいつも、まだまだ足りない、もっと私だけができることがあるはずだと考えるようにしています。

そこで私は、人生を四つの時代に分けて考えることにしています。「遊ぶ時代」「学ぶ時代」「働く時代」、そして「奉仕する時代」です。

最初の三つの時代は、わかりやすいと思います。小学校に入るまでの約六年間、そこから高校や専門学校、大学を卒業するまでの期間が、「遊び」と「学ぶ」時代です。

「働く時代」は、働き始める年齢やリタイヤする時期が人それぞれで異なりますが、だいたい四〇年前後を過ごす期間となります。日本の平均年齢からすると、一生の半分は、「働く時代」となります。このいちばん長い期間をどう生きるかによって、その人の一生が決まるとも言えます。

企業によっては、時代に恵まれ、気楽にのんびり過ごすことができた時代もあったかもしれません。時代がよくても、毎日身を削るような思いで仕事をしなければならなかった人もいるでしょう。

では、いまの時代を考えてみましょう。ぬるま湯に浸かっている企業は、もう生き残ることは困難です。現在、どんなに業績がよくても、昨日と同じことが今日も明日も保証されることはありません。

そんな時代に、楽しく仕事をするとはどういうことかを多くの人に考えていただきたいと思います。

おカネを得ることは否定しません。それによって、生活を維持し、家族を養っていく必要があります。かといって、おカネをたくさん儲けることだけを考えて働くことが、楽しい人生につながるでしょうか。その道をひたすら歩んで、人生の道を踏み外した人はたくさんいます。

楽しく充実した時代を企業で過ごすためには、自分を律することも必要です。「働く時代」が終わるころになって後悔しても始まりません。マラソンのように苦しいときがあっても、ゴールにたどり着いた達成感を味わうことを心がけるべきではないでしょうか。

最後の「奉仕する時代」は、会社を退職してから亡くなるまでのことです。平均して、二〇年ほどはあるでしょう。

会社をやめたころには、子どもも成人して、もう面倒を見なくてもいいようになっていると思います。自由に使える時間も大幅に増えています。そこで、さまざまなかたちで奉仕することを考えてはどうかと思います。

奥さんに苦労をかけたと思っている人は奥さんに奉仕してもいいし、社会人として学んだことを役立てて地域に貢献してもいいでしょう。これまで自分を支えてくれた人たちの力になってもいいと思います。志の道を歩んでほしいという意味も込めて「奉仕する時代」と呼んでいます。

この年代になっても失敗を恐れず、どうすればほんとうの奉仕ができるかと挑戦してくれる人がノジマから出てくることを、私は願っています。

Point

◉マニュアルは、時とともに古文書化していく教科書ではないか。
◉「これは儲かるからやろう」と考えることを最初に身につけると道を誤る。
◉成果の基準には、お客さまに喜ばれるという基準もあるはず。
◉仕事には、正解のある仕事と正解のない仕事がある。
◉部下を指導するとき、数字を責めてはいけない。仕事のプロセスを重視する。
◉お客さまも喜んで、私たちも喜ぶことがいちばんいい。
◉楽しく働くとはどういうことか、それぞれに考えてみよう。

エピローグ

新たなる
「失敗」への道

が、地域への貢献とビジネスにつながると考えていたからです。

事実、ユニフォームにわが社のロゴマークが入っていることからもわかるように、これまでも横浜ベイスターズを応援してきましたし、サッカーのＪリーグでも、横浜ＦＣにはいろいろなかたちで支援をしています。また、相模原ライズというアメリカン・フットボールチームのスポンサーにもなっています。

ノジマでは、同業他社と比較して、あまり宣伝は行っていません。店舗などで、お客さまに対応する社員の質の良さが口コミで伝わることで伸びてきたのです。

商品を購入したお客さまが、

「ノジマに行ったら、時間をかけていろいろ説明してくれて、私にはわからない機能がついた製品などは売ろうとせず、いちばんぴったりの商品をすすめてくれた。〇〇店の××さんという人だから、今度、電気製品を買うときは、この人のところに行くといいよ」

と言ってくれるようになることが、私の理想とする宣伝です。

ただ、地元のスポーツチームを応援すると、その選手が会社のよいところを口にしてくれるでしょうし、チームのファンも来店してくれるようになります。もちろん、選手が恩義を感じてくれるくらい応援しなければならないのは当然です。有名なスポーツチームのスポンサーになるには、それだけの実績と覚悟が必要だと思っています。

じつは、横浜ベイスターズの買収については、役員の全員が反対しました。球団経営には莫大な出費がともなうと考えたのでしょう。とくに、横浜ベイスターズは、現在、強いチームではないだけに、多少の宣伝効果はあっても、結局は採算がとれないと思ったとしても不思議ではありません。

しかし、私は、常日ごろ、社員に「失敗のすすめ」を説いています。私としては、是が非でも挑戦しなければならないと思いました。

私は数年前から、横浜ベイスターズはどうすればよくなるかを勉強してきており、決して思いつきではありません。少なからず自信もあります。役員からは、「そんなに熱を入れないでください」と言われましたが、私は、一時的な判断で熱を入れているのではないのです。

繰り返しになりますが、スポーツ振興と地域への貢献、さらに球団経営そのものの改革に取り組んでみたかったのです。じつに挑戦しがいのあるテーマばかりだからです。

役員の反対をよそに、社員の多くは、私が名乗りをあげたことを大いに喜んでくれました。やはり、自分たちの会社を多くの人に知ってもらうことはうれしいことですし、地元の球団を応援するにも、これまで以上に力が入ります。

なかには、もし、私が球団経営で失敗すれば、これで自分の大きな失敗をさらに堂々と口にできると内心期待している幹部もいるかもしれません。
会社の内外でこれだけ注目されると、もし失敗しても、「社長があれだけ大きな失敗をしたのだから、われわれ社員も堂々と失敗できる」という気持ちになるはずです。私は、これもまた社長の務めだと思っています。
前に紹介した私の愛読書、『ビジネスマンの父より息子への30通の手紙』の中に次のような文章があります。なおハックスレーとは、ダーウィンの進化論の支持者として知られている一九世紀のイギリス人生物学者です。

トーマス・ヘンリー・ハックスレーは言った。「若いうちに数回失敗することは非常に有益である」。数回の失敗なら結構だが、肝心なのはそれで潰《つぶ》れないことである。おもに方向感覚を失わない前進の仕方を学ぶ意志や欲求をなくし、そのため失敗に溺《おぼ》れてしまってはいけない。

失敗は、前向きな姿勢を一時、後退させることがあります。それが何回か繰り返されると、自信喪失にもつながりかねません。挑戦する心が強いと、そのぶん、失敗で落ち込んだときの失望感も大きくなります。

まず、社長みずからが失敗の可能性がある問題に取り組むことです。それによって、従業員が失敗に溺れてしまうことのないようにしたいと私は考えています。もちろん、失敗の先には成功があって、私たちの歴史に新たな一ページをつくりたいというのが私の本音であることは言うまでもありません。

おわりに

二〇〇一（平成一三）年に、『デジタル1番星のノジマ』という本を書いていただきました。この本では、当社の歩みとノジマグループの価値観や経営方針などが、いろいろなエピソードを交えて紹介されています。著者は、産経新聞社の経済部や「夕刊フジ」で活躍されたあと、『人間　井深大』などの著作を発表されている島谷泰彦氏です。

その後、幸いにも安定的な成長を遂げ、新しい仲間が増えました。社外からも、読んでみたいというお言葉をいただき、本の在庫が少なくなってしまい、五年後に増刷をいたしました。

そのさい、私は巻末に「夢追人」という一文を加えました。

その年の正月にテレビで野球の松井秀喜選手がテレビに出ていました。毎年、正月に帰省すると松井選手は、一年の計を壁に貼り出すそうです。それも、「大リーグで三冠王」というような、なかなか達成できそうもない大きな目標です。それによって自分を追い込み、いっそうの努力を重ねていくのが、松井選手の生き方なのでしょう。

早速、私は、その年の新しい手帳の一ページ目に「夢追人」と書き込み、その年の最初となる店長会議でも、このフレーズを使いました。トップにいる私が、社員が夢見るような大きな目標を掲げていたのだろうか、安定した成長によって自分の夢が希薄になっていたのではないか——松井選手の姿勢をテレビで見て、そう感じたからです。

この本の中で何回か紹介しました『ビジネスマンの父より息子への30通の手紙』の最初の文、つまりまえがきにあたる部分に、「実社会に出発する君へ」という文章があります。ここでいう君とは、著者の息子でもあり、また事業経営に関心のある多くの人を指していると思います。この文章は、次のような一行で終わっています。

「夢を見るがいい——試すがいい——失敗するがいい——成功するがいい」

この著者は、長いビジネス経験で知っているのです。夢を描いて、それに挑戦する、すなわち試してみると、失敗を何度もする。でも、その中から、成功への道が見えてくることを。

まさに、夢追人が歩む道です。私も会社も、大きな夢を胸に抱きながら、勇気をもって失敗し、そしていつの日か、その夢が実現する成功をめざしていきたいと思います。

著者

［著者］
野島廣司（のじま・ひろし）
1951年（昭和26年）、神奈川県に生まれる。中央大学商学部卒業後、有限会社野島電気商会（現在の株式会社ノジマ）に入社。当時、経営悪化で社員数２人となっていた会社を社員数2703人（2014年12月現在）、売上高2184億円、経常利益76億円（連結・2014年３月現在）の組織に成長させる。現在、代表執行役社長、中央大学客員講師。

失敗のすすめ

「教える」だけでは人も企業も育たない

2011年９月29日　第１刷発行
2015年３月24日　第２刷発行

著　者――野島廣司
発　売――ダイヤモンド社
〒150-8409　東京都渋谷区神宮前6-12-17
http://www.diamond.co.jp/
販売　TEL03･5778･7240
発行所――ダイヤモンド・フリードマン社
〒101-0051　東京都千代田区神田神保町1-6-1
http://www.dfonline.jp/
編集　TEL03･5259･5940
装丁――――渡邊民人(TYPEFACE)
本文デザイン―荒井まさみ(TYPEFACE)
製作･印刷･製本―ダイヤモンド・グラフィック社
編集協力―――月岡廣吉郎（月岡編集事務所）、太田聡、青木康祐（DRC）
編集担当―――石川純一

ISBN 978-4-478-09021-3

「失敗する」と言われると挑戦したくなる

二〇一〇年のプロ野球シーズンが終わってから、横浜ベイスターズの身売り話が浮上しました。スポーツ新聞が大々的に報道したときは、すでに有名企業との交渉が進んでいるということでした。

その後、交渉が難航しているという記事が出たため、私は球団に連絡をして、当社が譲り受けてもいいという意向を伝えました。

横浜ベイスターズは、太洋ホエールズの時代から神奈川県を本拠地としています。もし、その時点で交渉相手とされていた企業が球団を買収すると、神奈川県からプロ野球球団がなくなってしまいます。これはとても寂しいことです。なんとか横浜に球団を残したいという思いから、私は球団譲渡の交渉相手として名乗りをあげました。

何も急にスポーツの社会に興味をもったわけではありません。以前から、スポーツ振興